英語の学び方

大津由紀雄・嶋田珠巳 編

Effective and Efficient Ways
for Learning English

まえがき

　「英語の学び方」と題された、この本を手に取ってくれたのですから、あなたが英語の学習に関心があることは間違いないでしょうが、それ以上の思いはいろいろでしょう。《中学校に入って学校で本格的に英語を学び始めたのだけれど、うまく英語が使えるようになれるか、なんだかとても不安だ》という人もいるでしょう。《入試を控えているのに、英語が苦手で、困っている》という人もいるでしょう。逆に、《英語が好きで、得意なのだけれど、もっと英語の力を伸ばすにはどうしたらいいか、なにかヒントがほしい》と思っている人もいるかもしれません。あるいは、《社会人になって、もう英語とは縁が切れたと思ったら、社内の会議は英語でするという方針が決まり、困っている》という人もいることでしょう。そうそう、《自分自身は英語をまるでものにできなかったので、いろいろと苦労があった。子どもにはそんな苦労をかけたくない》という思いで、お子さんのためにこの本を手に取ってくれたという人もおいででしょう。

　この本はじつに欲張りなところがあって、年齢や、いまの英語力に関係なく、英語をほんとうに身につけようとしたら、これだけは心得ておいてほしいと思われることをできるだけわか

りやすく、気持ちさえあれば、中学生にもわかるようにという願いを込めて書いたものです。

　第 1 章は他の章に比べ長めの、いわば総論にあたる部分です。わかりやすく書いてありますが、内容は関連科学の成果やこれまでの教授経験をもとに、かなり踏み込んだものになっています。いわゆる「英語学習本」には書かれていなかったようなことも盛り込んであります。なお、この章は各節末に「まとめ」と「関連する章」を付けてあります。

　第 2 章以降は各著者がそれぞれの専門領域に関する知見や経験をもとに英語学習について語ります。各著者の個性が生かせるよう、文体など表現の仕方についてあえて統一を図るということはしませんでした。みなさんに向けた各著者からの熱いメッセージをぜひしっかりと受け留めてください。

　最後に重要なことをもう 1 つお話しておきましょう。この本には英語の学び方についていろいろなことが書かれていますが、それを読んだだけで英語が身につくというわけではないということです。《そんなこと、あたりまえじゃない！》と思う人もいるかと思いますが、実際には学び方について読んだり、聞いたりしただけで、英語が身についたように錯覚してしまう人がたくさんいるのです。みなさんは、この本を読んで、これは参考になるなと感じた点があったら、それを心に留めて、実践して欲しいのです。

　みなさんの英語学習の成功を祈っています。

大津由紀雄・嶋田珠巳
2016 年早春

目 次

まえがき ... iii
第1章 英語を学ぶということ 大津由紀雄 ... 1
第2章 構造を知ることが役に立つ 瀧田健介 ... 37
第3章 ことばの機能からコミュニケーションを考える 高田智子 ... 53
第4章 世界の英語に目を向けると、英語はもっとおもしろい！ 嶋田珠巳 ... 71
第5章 英語の辞書について知っておくべきこと 津留﨑毅 ... 87
第6章 英語の音を心に刻む ―マイメロディーを持っていますか？― 小林裕子 ... 107
第7章 中国学研究者からみた英語学習 遊佐昇 ... 117
第8章 異文化間コミュニケーションにおける非言語メッセージの重要性 原和也 ... 127
特別寄稿 口腔から考える英語学習 安井利一 ... 147
あとがき ... 157
執筆者紹介 ... 159

第 1 章
英語を学ぶということ

大津由紀雄

1　英語を学ぶにあたってまず考えておきたいこと

　「英語の学び方」というタイトルの本を手に取ってみたあなたは、英語を学ぶ方法、もっと言えば、英語を効率よく、効果的に学ぶ方法を知りたいと思っているのだと思います。ひょっとしたら、これまで自分なりにいろいろと工夫をして英語を学んできたのだけれども、あまりうまくいかなかったということなのかもしれませんね。あるいは、ある程度、英語の力はついたのだけれども、さらに力をつけるためにはどうしたらよいのかを探っているところなのかもしれません。
　ええ、たしかに、タイトルのとおり、この本には英語の学び方についていろいろなことが書いてあります。それで間違いないのですが、その前に、つぎの質問をしたいと思います。

【質問1】なぜ英語を学ぼうと思うのですか？

【質問2】英語を学ぶことによって、どんな力をどの程度、
　　　　身につけたいと思っているのですか。

　【質問1】と【質問2】はいわばセットになっています。【質問1】に対する答えを「（英語学習の）目的」と言い、【質問2】に対する答えを「（英語学習の）目標」と言います。英語学習に限らず、なにかをしようとするときには、その目的と目標を明確にしておくことが大切です。
　あることをする目的とは「なぜそれをしようとするのですか？」という問いに対する答えです。少し具体的な言い方に変えて、「身につけた力を使ってどんなことができるようになりたいのですか？」という問いに変えてもいいでしょう。それに対して、目標とは「その目的に関連して、どんな力をどの程度、身につけたいと思っているのですか？」という問いに対する答えです。一言でいえば「目指すところ」ということです。目的と目標のうち、より根本的なのは目的です。目的がはっきりしないと、目標をきちんと立てることができません。
　さて、みなさんの英語学習の目的はなんでしょうか。高校や大学の入試で合格するためとか、英検で今持っているより上の級に合格するためとか、TOEICやTOEFLのスコアを向上させるためとかという目的で英語を学んでいる人も多いことでしょう。そうであれば、目標ははっきりしていますね。試験に合格すること、スコアを向上させること、それが目標です。
　ただ、そうは言っても、みなさんの多くは、「せっかく英語を学ぶのだから、単に目指している試験に合格するとか、スコアを向上させるだけでなく、英語が使えるようになりたい」と

考えていることと思います。ちょっと欲張りと言えないこともありませんが、その気持ち、よくわかります。

あなたもその一人なら、そこをもう少し突っ込んで考えてみましょう。突っ込んで考えたいのは「英語が使えるようになりたい」という箇所です。ここをもう少しはっきりさせないと途中でつまずいてしまう危険性が高くなります。

たしかに、いまの日本社会を50年前の日本と比べれば、英語が必要とされる状況はずっと増えているといって間違いないでしょう。でも、英語が使えないと生活に支障をきたすかというと、「そうではない」という人が多いのではないでしょうか。ある研究者の試算によると、現在の日本で日常的に英語を必要としている人は1パーセント程度、英語を年に数回使う程度という人にしても、仕事についている人の2割、日本人全体の1割程度だということです（寺沢拓敬「「日本は英語化している」は本当か？──日本人の1割も英語を必要としていない」（SYNODOS　http://synodos.jp/education/9264/。同氏の『「日本人と英語」の社会学──なぜ英語教育論は誤解だらけなのか』（研究社、2015年）も参考になります。ついでですが、同氏の『「なんで英語やるの？」の戦後史──《国民教育》としての英語、その伝統の成立過程』（研究社、2014年）も良書です）。

つまり、多くの日本人にとって、英語が使えるようになることは一種の「あこがれ」であり、とりあえずの目的である入試に合格してしまうと、そこから先の「必死度」が激減してしまうのです。そうなると、英語学習のどこかでつまずいてしまうと、「まっ、いいか」ということになってしまいがちになります。

それに対して、「自分は将来、外国企業との交渉が重要な意味を持つ商社に就職したい。そのためには、英語の力が不可欠である」という強い思いを持っていれば、「まっ、いいか」状態に陥る危険性は低くなります。さらに、「そのために必要な英語力」というのは、英語で交渉ができる力ということであり、英語を読んだり、書いたり、聞いたり、話したりする力に加え、英語で相手を説得できる力がないと困りますから、英語学習の目標もかなりはっきりとしてきます。

　中学生や高校生のみなさんのなかには「そんなところまで考えろと言われても、まずは入試を突破することが大切で、すべては入試に合格してからのことだ」と考えている人も多いと思います。もっともなことです。それはそれでかまいませんが、せっかく、この本を手に取ってくれて、英語学習の目的と目標をきちんとさせることが大切であることを知ったのですから、この機会に、自分の将来のことについて考えてみてはどうでしょうか。それでも、それは無理だということであれば、入試突破という目標でもかまいません。そのときは、志望先がどの高校、どの大学のどの学部ということをできるだけ具体的に絞るようにしましょう。これはあくまで自分自身で考えて決めることですから、あとで志望校や志望学部が変わってもまったく問題ありません。志望校などが決まれば、その学校の英語の入試が受験生のどんな英語力を見ようとしているかを考え、それに見合った目標を立てればよいのです。中学生だったら、先生やおうちの方に相談してみるのもいいかもしれません。

　入試突破のためという目的とそれに見合った目標は、将来、外国企業との交渉が重要な意味を持つ商社に就職し、英語で交

渉ができるようになりたいという目的・目標に比べて、考えている時間の幅が短いので「中期的」目的・目標と言えます。そういう言い方をするのであれば、商社の例の場合は「長期的」目的・目標と呼ぶことができます。そうであれば、「短期的」目的・目標というものもありそうですね。

　たとえば、「今度の定期試験で英語は 80 点をとる」とか、「つぎの英検で 2 級に合格する」とかいった目標は短期的目標ということが言えます。短期的目標を立てることも重要ですが、大切なことはそれが中・長期的な目的と目標とつながっていることが大切です。そうでないと、目先のことだけに注意を奪われてしまって、その目標を達成した後、つぎになにをすべきなのかがわからなくなってしまう危険性があります。

まとめ
- ○英語の学習でもっとも大切なことは英語学習の目的と目標をはっきりとさせることである。
- ○目的や目標があいまいであると、途中でつまずく危険性が高い。
- ○目標を決めるにあたっては、短期、中期、長期と分けて考えるとよい。

2　基礎固めと初期段階のがんばりの重要性

　英語学習の目的と目標が決まったところで、いよいよ、英語の仕組みについて学ぶ準備がほぼ整いました。「ほぼ」と言ったのは、仕組みについてお話しする前に、もう1つ、付け加えておかなくてはならないことがあるからです。

　それは基礎固めと初期段階のがんばりの重要性です。最近はなにかと目に見える成果だけを気にする傾向があるように感じます。英語の学習も同じで、なにより大切なのはTOEICやTOEFLのスコアや英検の級を上げることであると考える人がたくさんいます。そうなると、スコアや級を上げることだけが目的となり、英語の力がついたかどうかは二の次ということになります。スコアや級が上がったということは英語の力がついたということではないのかと思う人もいるかもしれませんが、そうとは限りません。TOEIC・TOEFLや英検、それに入試もそうですが、繰り返し行われるテストというものはどんなに優れたものでも一定の傾向が出てきます。毎回、測ろうとする力が大きく変わるということがないのですから当然のことです。

　そこで、その傾向を探り、対策を練るというのが賢い方法だと考えるのもうなずけます。すると、受験生のそういう心理を狙って、「傾向と対策」屋さんが現れます。実際、その道のプロもいて、中には「わたしはみなさんの英語の力がついたかどうかには関心がありません。唯一大切なのはみなさんのTOEICのスコアが上がったかどうかです」などと宣言して、講習を始める講師もいます。

　こんな講師が現れるのも需要があるからで、こうした人たち

を批判するつもりはありません。みなさんが彼らの言うことに納得し、彼らについていこうというのであれば、それはそれでよいのです。ただ、つぎに言うことだけはきちんと覚えておいてください。

　英語のテストのスコアを上げるためには英語の力をつけるという本道のほかに、問題に対する正解を探る方略を磨くという方法があります。「方略（ストラテジー）」というのは耳慣れないことばかもしれませんが、特定の課題に効率よく対処するためのやり方のことです。規則と違って外れる場合もありますが、優れた方略ほど、当たる可能性、つまり、正解が見つかる可能性が高くなります。とくに、選択肢が用意されている問題の場合は、その選択肢を検討するだけで正解を見つける方略がいろいろと考案されています。

　こうした方略学習が成功すればテストのスコアは上がります。しかし、ここで大切なことはそうしてスコアが上がったからといって、英語の力がついたとは限らないということです。ここで、第1節でお話しした英語学習の目的と目標を思い出してください。みなさんの目的がテストのスコアを上げることだけに置かれているのであれば、方略学習でなんの問題もありません。しかし、ほんとうに英語の力をつけたいと思っているのであれば、もっとそれに向いた学習をしなくてはいけないのです。

　英語の力そのものをつければ、テストのスコアが上がる基盤ができます。つまり、スコアが上がるというのは英語の力がついた結果として出てくるもので、スコアを上げるためだけに英語の学習をするのではないということをはっきりと記憶しておきましょう。

もちろん、スコアを少しでも上げるために方略も心得ておくことは賢いことです。さきほど言ったのは方略漬けの学習になってしまっては英語の力の向上は保証できないということです。わたくしはテストのスコアだけが高い、見せかけだけの英語力を「ハリボテ英語」と呼んでいます。
　ほんとうに英語の力をつけようとするときに重要なことが2つあります。基礎固めと初期段階のがんばりの重要性です。順に説明しましょう。
　なにごとをするにあたっても基礎固めは重要です。言い古された例ではありますが、基礎がきちんとできていない建物は傾いてしまったり、倒壊してしまったりする危険性があります。「砂上の楼閣」ということばを思い出してください。反対に基礎がきちんとしていれば、多少のことがあっても建物全体が倒壊してしまう可能性はぐっと低くなります。
　つぎの節（「英語の音声の仕組みを学ぶ」）とそのつぎの節（「英語の文の作り方の仕組みを学ぶ」）では、それぞれの基礎の基礎を解説します。すでにご存知のこともあるかもしれませんし、短い、簡単な解説ですが、そこに書いてあることは基礎の中でも重要な部分です。注意深く読んでください。
　英語学習においてもう1つ大切なことは初期段階のがんばりです。英語の力を身につけるということは大事業です。簡単にできることではありません。生徒や学生の皆さんは学校での授業を大切にすることはもちろんですが、それだけで英語の力をつけるというのはとてもむずかしい。課外の努力が必要です。
　課外の努力と言っても、机の前に座ってする勉強だけが重要というわけではありません。テレビ、ラジオ、DVD、インター

ネットなど、利用できるものはどんどん利用する。こうしたメディアを利用する利点は自分の関心のある話題を選べるということです。たとえば、映画が好きなら、興味があるジャンルの映画を選べばよいのです。ファッションに関心があるなら、ファッション関係のウェブ・サイトを訪ねてみればよいのです。

　わたくしのお勧めは TED というサイトです。TED は Technology, Entertainment and Design の頭文字をとったものです。いろいろな分野の第一線で活躍する専門家が一般の人にも理解できるようにわかりやすいことばで短時間（18 分以内）の話をしてくれます。また、TED-Ed という、主として高校生・大学生を対象にした姉妹サイトもあります。Literature & Language というジャンルもあり、ことばそのものについて知りたいということであれば、その下位項目に Linguistics（言語学）もあります。音声の話、文法の話、ことばの起源の話など、盛りだくさんです。Google などの検索エンジンで TED とか、TED-Ed とか検索すれば、そのサイトにすぐたどり着くことができます。

　最後にもう 1 つ重要なことをお話ししましょう。初期段階のがんばりが大切であるという話に関連してのことですが、じつは、ごくごく初期は別にして、英語を学び始めて数か月も経つと、英語の力が身についているのだろうかと不安を感じる人が多いのではないかと思います。最初のころのように、目に見えて英語の力がついてきていることがわからない。しかし、もしあなたがきちんと努力しているのであれば、力は確実についています。ですから、安心して勉強を続けてください。

　じつはわたくしは高校生になるまでまったく泳ぐことができ

ませんでした。ところが、ある年、通っていた高校に立派なプールが作られ、校長先生の一言で、最低50メートル泳げない生徒は卒業させないという方針が決まったのです。さあ、困りました。泳げない生徒はわたくしのほかにも30人ほどいました。そこで、学校は夏休みを使って、水泳の特訓をすることにしました。朝から夕方まで、コーチ役の先生と数人のアシスタントの大学生たちから指導を受けます。はじめは30人でしたが、数日経つと、50メートルの目標を達成した生徒がいなくなり、残りは半分ほどになりました。1週間もすると5人になっていました。そして、…。おわかりですね。特訓が始まって10日後にはとうとうわたくし一人になってしまいました。見るも哀れな状態で、1メートルも泳げません。コーチはすでにいなくなり、担当の先生から1対1の指導を受けました。「もう無理かもしれません」と弱音をはくわたくしに、その先生は「大丈夫。目には見えなくても、お前の体の中で確実に変化が起きている。おれを信じて、もう少しがんばれ。間違いなく泳げるようになるから」と励ましてくださいました。

　そう言われたものの、「体の中の変化」などなにも感じません。《きっとだめなんだろうな》という思いは増々強くなっていきました。

　そんなある日、夢を見たのです。水に浮いている自分がいて、つぎの瞬間、手と足を動かして泳いでいるのです。目が覚めた瞬間、すぐ、夢とわかりましたが、《ひょっとしたら泳げるかもしれない！》と感じました。

　はやる気持ちを抑えて、あくる日の特訓に向かいました。そして、先生に「自分でやってもいいですか？」と尋ねました。

先生の答えを聞く前に、プールに入っていました。夢で見たとおり、体を水に浮かしてみました。
　なんと浮くのです！　もうあとは無我夢中でしたが、手と足を動かしたら、前に進みます。目も開けていられます。息継ぎまでできるようになっていました。目の前にプールの端が見えてきました。やったぁ！　50メートル泳げたのです。
　プールから上がり、先生と2人で抱き合って、泣きました。先生も涙声です。「大津、よくやった！　これでこの前、おれが言ったことがうそでなかったことがわかっただろう」とおっしゃいました。そう、先生がおっしゃったことはうそではなかったのです。なにかを学ぶとき、努力を怠らなければ、みなさんの中で目に見えない変化が起きるのです。いまの例は水泳という運動の話ですが、英語の学習でも同じです。
　力の潜伏期間のようなものがあって、あるとき、突然になにかができるようになる。問題はその力の潜伏期間の間、くさらずに努力をし続けることができるかどうかです。
　効果的で、効率のよい学習の姿を探る学習科学では「学習曲線」が話題になることがあります。練習に要する時間の経過と達成度（目標にどの程度近づけたか）の関係をあらわすものですが、おおよそつぎのような形になります。

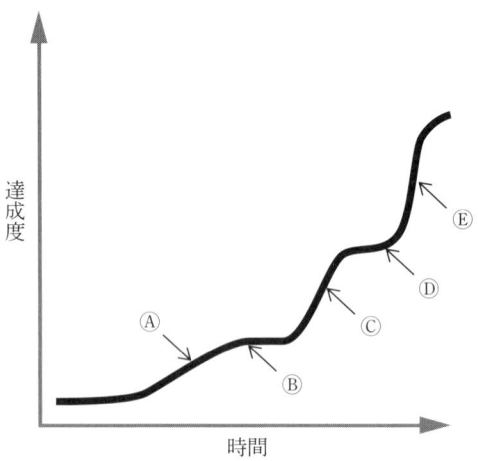

　はじめは目に見えた進歩がありませんが、あるところで、急に達成度が上がります（図のA）。

　学習曲線からわかるもう１つのこととして、進歩は一直線ではないということがあります。一度、進歩が感じられたからといって安心できない。やがて、目に見えた進歩が感じられないときがやってきます（図のB）。これを「高原状態」と呼びます。高原のように、進歩をあらわす線が平らになってしまうからです。しかし、ここでも、みなさんの中では目に見えない変化が起きているのです。そして、努力を続けていれば、しばらくして、また進歩を感じることができるようになります（図のC）。場合によっては、最初のときよりも急激な進歩が期待できます。そして、また高原状態がやってきて（図のD）、そして、しばらくすると更なる進歩が感じられる（図のE）。あるところまでは、この繰り返しです。

　簡単にあきらめない、そこが肝心ですが、できるかどうかは

みなさんの目的・目標がどの程度はっきりとしているかにかかっているということを思い出してください。

> **まとめ**
> ○ TOEIC や TOEFL などのスコアが上がるというのは英語の力がついた結果として受け止めるべきもので、スコアを上げるためだけに英語の学習をするのではない。
> ○ 英語の学習では基礎固めと初期段階のがんばりがなによりも重要である。

3　英語の音声の仕組みを学ぶ

　「英語の仕組み」といった時に、2 つの側面があります。1 つは「英語の音声の仕組み」で、もう 1 つは「英語の文の作り方の仕組み」です。この節では英語の音声の仕組みについて取り上げることにします。英語の文の作り方の仕組みについては次の節で取り上げます。

　英語の音声の仕組みとその学び方については、太田朗という先生が英語の初学者用に書いた『初歩の英会話（基礎英語シリーズ）』（研究社出版）というすばらしい本があります。初版は 1956 年の出版ですので、もう半世紀以上前のことです。英語の音声の仕組みについて解説した本はその後もたくさん出ていますが、初学者向きの本としてはこの本の右に出るものはないと考えています。ただ、残念なことにその本をいま買い求

ることはできません。そこで、この章は太田先生の本をお手本にして、書くことにしました。そのことをまずはっきりとお伝えしておきたいと思います。
　（1）の文を見てください。

　　（1）I think John has a bat.
　　　　（ジョンはバットを持っていると思う）

この文は6つの単語からできていますが、2番目の単語 think（思う、考える）の最初の音（ここでの「音」は普通の「おと」と区別するために「おん」と読みます）は舌の先を上の歯の裏側につけるか、上の歯と下の歯の間に軽くはさむかしてから息を出して発音します。このとき、日本語の「シィ」のような発音をしてしまうと、sink（沈む）という別の単語のように聞こえてしまうおそれがあります。
　また、最後の単語 bat（バット）のまん中にある音は舌の先を下の歯茎のほうに向けて、舌を少し前に押し出すように発音します。これを日本語の「ア」で代用してしまうと、but（しかし）という別の単語のように聞こえてしまう可能性があります。
　これは個々の音の問題ですが、同じように重要なのは、個々の音を組み合わせ方の問題です。五十音図をローマ字で書いてみるとわかりやすいのですが、a、i、u、e、o が繰り返し出てきます。それだけ単独で出てくるときもあります。ア行がそうですね。それ以外のところでは a、i、u、e、o の前に、k とか n とかが1つずつ出てきます。ka、ki、ku、ke、ko、これはカ

行ですね。na、ni、nu、ne、no となると、ナ行です。a、i、u、e、o のことを「母音」、k とか、n とかを「子音」と呼びます。

　日本語の音の組み合わせはとても単純で、母音だけ（これがア行）か、1個の子音の後に母音が続く（カ行やナ行）かのいずれかである場合がほとんどです。なかには、n（「ン」）のように子音が単独で出てくる場合もありますし、kya（「キャ」）のようなちょっと特殊なものもありますが、ごく一部です。

　それに対して、英語の音の組み合わせはもっといろいろな可能性があります。たとえば、strong（強い）という単語を考えてみましょう。o という母音の前に str と子音が3つも並んでいます。また、最後の部分は ng（文字にすると2文字ですが、音としては［ング］という1つの音です）という子音で終わっていて、その後に母音がありません。こういう音の組み合わせ方は日本語では許されないので、慣れないと、ついつい、日本語のやり方にあわせて、sutorongu と発音してしまいがちです。英語にとっては余分な母音が挿入されています。こうすれば、日本語の音の組み合わせ方にうまくあいますからね。

　英語らしく発音するためには、個々の音だけでなく、音の組み合わせ方も練習しておく必要があります。ことに、strong のように、日本語にはない組み合わせ方になっている単語は繰り返し練習しておく必要があります。

　単語の発音で、さらにもう1つ大切なことは「ストレス（強勢）」です。ストレスとは他の部分に比べて強く発音される部分です。その部分を目立たせる方法（アクセント）の1つです。日本語にもそういう方法はありますが、日本語が大事にするのは音の高低です。「牡蠣（カキ）」も、「柿（カキ）」も、「カ

キ」ですが、（わたくしの日本語では）「牡蠣」は最初が高く、後で低くなるのに対し、「柿」では低く始まって、高く終わります。こういう発音における高低を「ピッチ」と呼びます。

　英語ではストレスが大事で、ストレスの位置を間違えると英語の単語として聞き取ってもらえなかったり、別の単語と間違えられたりすることがあります。じつは、英語のストレスの位置はある程度、予測することができますが、はじめのうちは予測するための規則を覚えるよりも1つ1つ単語ごとに覚えておくことをお勧めします。次第に慣れてきて、ある程度、勘がつかめてきたところで、規則のいくつか（economicのように-icで終わる単語のストレスはその直前の母音に置かれるなど）を覚えるようにするとよいと思います。

　英語を英語らしく発音するためには英語の単語の発音について知っておくこと、練習しておくことが重要であることは言うまでもありませんが、それだけでいいというわけではありません。このほかに重要なのは、文を読むときのリズムとイントネーションの問題です。

　さきほど、日本語での音の組み合わせは母音だけか、子音1つに母音1つが続いた形が基本であることを確認しました。この基本形を組み合わせて単語を作り、さらに、単語を組み合わせて文を作るのですが、日本語の単語や文を読むときには基本的な音の組み合わせを同じ長さで発音します。たとえば、「きのう、名古屋へ行きました」という文であれば、「き‐の‐う‐な‐ご‐や‐へ‐い‐き‐ま‐し‐た」という感じで読まれます。これが日本語のリズムです。日本語を知らない人が聞くと、「日本語は雨だれが規則的に落ちてくるようだ」と言うこ

とがあるのはこのためです。

　それに対して、英語はメリハリを利かせます。文のなかで重要な意味を持つ語のストレスのあるところを強調し、そうではないところはさっと読んでしまいます。ですから、さきほどの日本文を英語式に読むと、「きのう‐なごやへ‐いきました」といった感じになります。このことを実際の英文でみてみましょう。

　（2）John is a teacher.
　（3）John is a good teacher.
　（4）John is a very good teacher.

これらの文を読むときには、（特別の事情がない限り）John と teacher にストレスを置いて発音します。ストレスがない途中の部分はさっと発音されるので、（2）も（3）も（4）もほぼ同じくらいの時間で読まれます。

　文を読んだり、話したりするときには、このようなリズムの違いに気を配ることが重要なのは言うまでもありませんが、この点をきちんと理解して、英文を聞きなれていないとさっと読まれた部分がうまく聴き取れないということが起こります。

　英文を読むときにもう 1 つ重要なことがあります。イントネーション（抑揚）です。たとえば、（2）であれば、John から is a の部分が終わって teacher の tea- の部分にさしかかると声が高めになります。そして、最後の -cher の部分に向けて低く下がっていきます。図示すると（5）のようになります。

(5) John is a teacher.

このような「節{ふし}」のことを「イントネーション」と呼びます。
　(2)と同じ単語の並びの文でも文の最後の部分を上げ調子で読むと疑問文になります。語順も変えて、

　(6) Is John a teacher?

とすると正真正銘の疑問文になりますが、このときも文の最後が上がるイントネーションになることはよくご存知でしょう。
　このように英語の音の仕組みを理解しておくことが英語を英語らしく発音する場合に役に立つことは言うまでもありませんが、聴き取りの力をつけるためにも重要であることはすぐに理解してもらえることと思います。
　音の仕組みについてひととおり理解したら、あとは徹底的に練習するしかありません。発音練習と聴き取り練習を毎日、一定の時間、さぼることなく繰り返す。これが大切です。幸いなことに、いまは英語の音声を耳にするのに苦労はありません。第2節でも書いたように、ラジオ、テレビ、ビデオなど、多くの音声素材が簡単に手に入ります。インターネットを利用することができるのであれば、その範囲は限りなく広がっていきます。
　そして、もっと重要なことは実際に英語を使ってみることです。英語を使うことができる場を見つけ、積極的に出かけてみる。昔話をするのはあまり好きではありませんが、わたくしが中学生だった、いまから50年以上前の日本では英語を話す相

手を見つけるのはとても大変でした。そこで、教会の日曜礼拝に出かけて、外国人に話しかけたり、外国人がたくさん集まる空港へ行って、時間の余裕がありそうな人を探したりもしました。当時、わたくしは東京に住んでいたので、そんなこともできたのですが、そんなことができない地域に住んでいた人の中には、映画館で同じ洋画を朝から晩まで繰り返し観て英語の勉強をしたという話も何回か読んだ覚えがあります。いまはすっかり様子が変わり、いろいろな方法で英語を使う機会を見つけることができます。ぜひその幸運を活かして下さい。

> **まとめ**
> ○日本語にはない英語の音や音の組み合わせに注意する。
> ○英語ではストレス（強勢）が重要である。
> ○英語のリズムは日本語のリズムと違って、メリハリが利いている。
> ○英語のイントネーションにも慣れておこう。
> ○英語の音の仕組みについて、その基礎を理解したら、あとは練習することと実際に英語を使ってみることが大切である。
>
> **関連する章**
> ○第6章には、英語の学習と音の世界、そして、さらにエモーション（感動）を結びつけることが大切であることが書かれています。

4　英語の文の作り方の仕組みを学ぶ

　今度は英語の文の作り方を考えてみましょう。たとえば、「背の高い女の子がダンスをしています」ということを英語で言ってみましょう。

　まずは、必要な単語を用意します。「背の高い」ということを言うには tall という単語が必要ですね。「女の子」の部分は girl、「ダンスをしています」という部分には is dancing という単語を用意します。最後の is dancing の部分はちょっと説明が必要ですね。いま目の前で起こっていることを表現するときには「現在進行形」という形を使うということを習ったことがあるなら、まさにその形です。もしまだ習っていないのであれば、「ダンスをしています」ということを英語で is dancing と言うのだととりあえず覚えてください。

　単語が用意できたら、今度は用意した単語を組み合わせて、文を作るための部品を準備します。いくつかの単語を集めてまとまりを作ると言い換えてもかまいません。そのときに、必要な単語をどういう順番で並べるかについては規則があって決まっています。単語の順番なので、それを「語順」と呼びます。

　いまの例であれば、まず最初に「背の高い女の子」という部品を作ります。tall と girl を使って、まとまりを作ります。

　（7）［tall girl］

(7)にある［　］はそれに囲まれている tall girl がまとまりを作っていることを表すための記号です。tall を先に、girl を後

にという語順は日本語と同じですから、気にならないでしょう。
　日本語と違うのは、(7)のまとまりはそのままでは不完全で、

（8）[a tall girl]

のように a という単語を先頭に加える必要があるという点です。この a は話題になっている女の子がひとりであること、また、その女の子はだれか特定の女の子のことではないということを示しています。
　もし、その女の子がすでに話題になっていた「その女の子」ということであれば、

（9）[the tall girl]

と、a の代わりに the を使います。a も、the も tall girl の前に現れて、(10)のように単語を縦に並べれば tall girl がかぶっている冠のようにも思えるので、「冠詞」と呼ばれます。

（10）a / the
　　　tall
　　　girl

　なお、第2章でも今述べたことと関連することが書かれています。そこでは、(8)のような [ ] を使った表し方ではなく、(11)のような表し方をしています。見た目は違いますが、表していることは同じこと、つまり、a、tall、girl の3つの単

語がその順で並び、全体として 1 つのまとまりを作っているということです。

（11）

　さて、「背の高い女の子がダンスをしています」という文に戻ります。もう 1 つ必要な部品は「ダンスをしています」ですが、これはもうすでに is dancing という部品が用意されています。

（12）［is dancing］

　（8）と（12）の 2 つの部品を組み合わせれば、文が完成します。問題は並べ方ですね。ここも日本語と同じですから、すぐ想像がつくと思います。まず［a tall girl］（=8）、そして、［is dancing］（=12）が続きます。つまり、（13）のようになります。

（13）［［a tall girl］［is dancing］］

(13) の最初と最後に［ ］が加わっているのは、［a tall girl］と［is dancing］という 2 つのまとまりがその順番で並んで、文という、さらに大きなまとまりを作っているということを示すためです。
　今度は「背の高い女の子がジョン（John）を追いかけています」という、少しだけ複雑な文を考えてみましょう。「背の

高い女の子」の部分は（8）と同じですね。「追いかけています」の部分は is chasing と言います。名詞形ですが、「カーチェイス（car chase）」ということばは日本語の中でもときどき使われるので知っている人も多いでしょう。そして、最後に、「ジョン」ですね。これは簡単、John です。John の前には a や the は普通必要ありません。John とだけ言えば、いま話題にしている、あのジョンとわかるからです。つまり、John は単語1つですが、それだけでまとまりを作ります。

(14) [John]

これで部品がそろいました。最後の詰めは語順です。ここは日本語と英語の違いが出るところです。日本語ではもともとの(15)のように並べるか、(16)のようにするかのいずれかが可能ですが、英語では(17)のように並べなくてはなりません。なお、日本語の(15)と(16)でも単語のまとまりを加えてあります。

(15) [[背の高い女の子が] [ジョンを] [追いかけています]]
(16) [[ジョンを] [背の高い女の子が] [追いかけています]]
(17) [[a tall girl] [is chasing] [John]]

こう整理すると、日本語と英語の語順の違いは一目瞭然ですね。日本語では [追いかけています] というまとまりが文の最後に置かれていますが、英語では [is chasing] が文のまんなかに置かれています。

もう1つの違いは日本語では［背の高い女の子が］と［ジョンを］のどちらを先においてもかまいませんが、英語では［a tall girl］が［is chasing］の前に、［John］が［is chasing］の後に置かれなくてはならないということです。ここで、今後に便利な用語を少し導入しておきましょう。［is chasing］は「追いかける」という動作を表す表現なので「動詞」と呼びます。また、［a tall girl］が置かれている文頭の位置に現れるまとまりを「主語」、［John］が置かれている動詞の直後の位置に現れるまとまりを「目的語」と呼びます。これらの用語を使うと、英語の語順は、

(18)　［［主語］［動詞］［目的語］］

ということになります。
　主語は英語で subject、動詞は verb、目的語は object というので、それぞれの頭文字をとって、

(19)　SVO

と表すこともあります。
　この語順をそれぞれのまとまりが表す意味的な役割に注目して書くと、(20)のようになります。

(20)　［［動作をする人・もの］［動作］［動作を受ける人・もの］］

この英語の文の語順をしっかりと覚え、きちんと使えるようにしておくことが大切です。

　さて、日本語では（15）、（16）（以下に再掲）のように、「動作をする人・もの」と「動作を受ける人・もの」の語順については、どちらを先においてもかまいません。その理由はもうお気づきですか。

　（15）［［背の高い女の子が］［ジョンを］［追いかけています］］
　（16）［［ジョンを］［背の高い女の子が］［追いかけています］］

　日本語では英語にない「が」「を」という単語が使われていますね。「格助詞」と呼ばれる、これらの短い単語がそれがついた表現が果たす意味的な役割を明示してくれるので、その部分については英語のように語順に頼る必要がありません。
　ところで、「5文型」という名前を聞いた人も多いかと思いますが、それは上のような方法で英語の基本的な文の作り方を整理したものです。すべての英文がそのどれかに当てはまるというものではありませんが、英文の構造（成り立ち）の基本を身につけるのに便利です。
　S（主語）、DO（直接目的語）、IO（間接目的語）、C（補語）など、むずかしそうな名前が並びますが、その意味しているところは、主語と目的語について上で説明したように、ごく簡単なことです。まずはその意味するところ（「概念」ということばを聞いたことがあるなら、そのことです）をしっかり理解する。その意味するところについて話しやすくするためにつけるのが名前ですので、名前自体に負けないようにしてください。

さて、is dancing と is chasing について考えたところからつぎのことがわかりました。

　○文を作るにはまず言いたいことを表す動詞（たとえば、is dancing や is chasing）を選ぶ。
　○その動詞はどのような部品を必要とするか（たとえば、is dancing なら「踊っている人」、is chasing なら「追いかけをしている人・もの」と「追いかけられている人・もの」）を考える。
　○その部品を表すのにどのような表現を使うか（たとえば、a tall girl とか、John とか）を考える。
　○その部品を文のどの位置に置くか（たとえば、動詞の直前か、動詞のあとか）を考える。

　つまるところ、文を作るには動詞を選ぶこと、その性質（どんな部品を、文のどこに置く必要があるか）を知ること、そして、必要な部品をどのように表現するかを決めることが肝心だということです。この点をしっかりと理解して、実際に英文ができるように繰り返し練習しておくことが大切です。
　たとえば、さきほど作った、

　(17) A tall girl is dancing.

という文ですが、a tall girl という部品を Mary と取り換えれば、

　(21) Mary is dancing.

という文ができます。

　また、a tall girl を a tall girl with binoculars（双眼鏡を持った背の高い女の子）という少し複雑な部品に置き換えれば、

(22) A tall girl with binoculars is dancing.

という文ができます。

　同じ部品をもっと複雑な a tall girl who John met in Shibuya yesterday（きのうジョンが渋谷で会った背の高い女の子）に置き換えれば、

(23) A tall girl who John met in Shibuya yesterday is dancing.

という文ができます。

　どんどん新しい文ができるようになったでしょう。じつは、こうやって文の作り方を身につけておくと、文の世界は無限に広がっていくのです。

　ついでですから、動詞を入れ替えることもやってみましょうか。「背の高い女の子が本を机の上に置いているところです」ということを表す英語の文を作ってみましょう。

　「置いているところです」ということを表す動詞は is putting です。「置く」というのですから、置くという動作をしている人（この場合は「背の高い女の子」です）、その人が置いているもの（「本」）、それを置いている場所（「机の上に」）が必要です。それぞれ英語で、a tall girl、a book、on the desk ですね。あとは、これらの部品を文のどこに配置するかです。is chasing の例を参考にすれば、想像がつくかもしれませんね。a tall girl は is putting の前、a book は is putting の後、今回新入りの on the desk はそのさらに後ろではないでしょうか。すると、

(24) A tall girl is putting a book on the desk.

正解です！
　is putting の使い方を部品の意味に注目してまとめると、つぎのようになります。

(25) [[置く人] [置く] [置かれるもの] [置く場所]]

　このように考えていくと、どんなに複雑な文でもその成り立ち（構造）が見抜けるようになります。この力をつけておくかおかないかが英語の力がつくかつかないかを決める重要なカギになります。

まとめ
○英語の文を作るにあたっては、まず必要な単語を用意する、つぎに単語を集めてまとまりを作る、そして、そのまとまりを一定の順序（語順）に並べるという手順を踏む必要がある。
○文を作るにはまず言いたいことを表す動詞を選ぶ。
○その動詞はどのような部品を必要とするかを考える。
○その部品を表すのにどのような表現を使うかを考える。

○その部品を文のどの位置に置くかを考える。
関連する章
　　○言いたいことを表すのにどんな動詞が必要なのか、その動詞はどんな部品を、どこに必要とするかなどについては辞書が大いに役に立ちます。辞書については第5章に詳しい解説があります。
　　○この節に書いたこととても関係が深いことが第2章に書かれています。

5　見える世界と見えない世界の両方に関係することば

　いままで見たところで、ことばは見える世界（たとえば、語順）と見えない世界（たとえば、単語のまとまり）の両方の世界に関係していることがわかりました。じつは、ことばを使うことにもこの2つの世界が関係しているのです。
　わたくしの現在の勤務校である明海大学は京葉線の新浦安駅の近くにあるのですが、あるとき、新浦安駅から東西線の浦安駅を結んでいるバスに乗りました。初めて乗る路線なので、どんな停留場があるのか、車内アナウンスに注意していました。ところが、途中、2か所ほど、どうしても聴き取れない名前があるのです。「つぎは〜です」の部分はわかるのですが、肝心な「〜」の部分がわかりません。どんな名前なのか、とても興味を覚えたので、路線図は見ないで、帰りのバスで今度は気持ちを集中させて聞きました。でも、よくわかりません。
　何度か、そんなことを繰り返した後、仕方なく路線図で停留

所名を確かめました。それは「猫実」と「海楽」という名前だったのです。その名前を確かめた後、もう一度、バスに乗って聞いてみると、不思議なことに、もうそれは「猫実」と「海楽」以外には聴き取りようがありません。

　みなさんも知らない土地に出かけて同じような経験をしたことがあるのではないでしょうか。じつは、これは「不思議なこと」ではないのです。わたしたちはことばを聞くときに《つぎにこんなことが聞こえてくるだろう》と予測を立てているのです。バスの中のアナウンスの場合、状況から「つぎは〜です」の部分は予測が可能です。しかし、知らない土地であれば、「〜」の部分は予測が立てにくい。わたくしが乗ったバスは「浦安駅入口」行きでしたので、終点近く、にぎやかな場所にさしかかれば、《ひょっとして、つぎは「浦安駅入口」ではないかな》という予測が立てられます。でも、「猫実」や「海楽」ではそうはいきません。

　いまの予測はことばとは直接関係がない「背景知識」によるもので、「予想」に近いものです。じつは、聴き取りの際の予測はもう1種類あるのです。それは前の節で見たことと関係があります。

　is putting の使い方について思い出してください。

　　(25)［［置く人］［置く］［置かれるもの］［置く場所］］

でしたね。このことがきちんと記憶され、使えるようになっていると、たとえば、Susan is putting と聞こえてきたときに、《あ、つぎに［置かれるもの］についてそして、そのあとには

［置く場所］についての情報がやってくるな》という予測が立てられます。このような予測が立てられるか立てられないかがリスニングの力を左右する重要な鍵になるのです。

　つまり、前の節で見た英語の文の作り方はリスニングの力にも影響を及ぼしてくるのです。最近、英語運用の4技能ということがよく話題になります。「読む」「書く」「聞く」「話す」という4技能で、バランスよく、4技能を伸ばすことが重要だと言われます。特別な事情がなければ、それはもっともなことですが、ここで忘れてはならないのは、4技能のすべての基盤には英語の仕組みと英語のはたらきに関する知識があるという点です。この点をないがしろにしていては「ハリボテ英語」（覚えていますか？　忘れてしまったら8ページを読み返してください）しか身につかないということになってしまいます。

　見えない世界に関係することとして、もう1つ、「推論」というお話をしたいと思います。

　たとえば、街を歩いていたら、外国人に、

(26) Do you have a watch?

と尋ねられたと思ってください。さて、腕時計をしていたとして、みなさんならどう答えますか。

　簡単ですよね。たとえば、

(27) Oh, yes. It's eleven.

というように答えますよね。「11時です」といまの時刻を教え

てあげます。このとき、

（28）Oh, yes, I do.

と答えて、立ち去ってしまったら、相手はびっくりしてしまうでしょう。
　でも、（26）で「時計を持っているか」と聞かれたのですから、（28）のように「ええ、持っています」という答えはまっとうです。むしろ、（27）のように現在時刻を教えるというのは聞かれたことから外れていると言えるくらいです。
　日本語でも同じですね。「時計をお持ちですか」と聞かれれば、「あ、11時ですよ」というのが普通で、「ええ、持っていますよ」とだけ言って立ち去ることはしないでしょうね。
　どうしてこんなことが起きるのでしょうか。街で、

（26）Do you have a watch?

と話しかけられます。話しかけられたほうは《自分が時計を持っているかどうかについて興味があるとも思えない。それでも、時計を持っているかどうか聞いてきたからにはなんらかの理由があるに違いない。ああ、もし時計を持っていたら、いま何時か教えてほしいということなのだな》と考える。それで、

（27）Oh, yes. It's eleven.

と答える。すると、相手は Thank you, Miss. とか感謝のこと

ばを言って立ち去っていく。おおよそこんなことが頭の中で起こっていると考えられます。もちろん、無意識のうちにしていることですが。

　いまの例のように、外から与えられた情報（いまの例では(26)のような問いかけ）をもとに、頭の中で新たな情報（いまの例では、《現在時刻を聞いているのだ》）を作り出す過程を「推論」と言います。言うまでもなく、推論の過程そのものは見えません。

　この例での推論を支えているのは、つぎの原則です。

(29) 相手の問いかけはその状況に最も関連が強くなるように受け留めよ。

ですから、状況次第で(26)の解釈も変わります。たとえば、運動会の借り物競争の状況を想像してみてください。引き当てた紙に書いてあることを見ながら、競技者があなたのところへやってきて(26)（あるいは、日本語で「時計をお持ちですか」）と尋ねたときに、(27)（日本語なら、「ああ、いま11時ですよ」）と応答したら、競技者は困ってしまいますね。そのときは(28)（日本語なら、「ええ、持っていますよ」）と答えて、時計を差し出すのが場に適した応答の仕方です。

　じつは、ことばを使ってのやり取りでは、話しかけられたこと（見える世界）をもとに推論を働かせて（見えない世界）応答するということがごく普通に行われています。つぎのやりとりで、優がどんな推論を働かせているか、練習のために考えてみてください。

第1章　英語を学ぶということ　33

(29) 優：今度の日曜日、映画を見に行かないか。
　　　綾：来週の月曜日に数学の試験があるんだ。
　　　優：そうかあ、じゃあ、またにしよう。

> **まとめ**
> 　〇ことばを使うときには予測や推論など、目に見えない世界での働きが重要な役割を果たしている。
> 　〇4技能のすべての基盤には英語の仕組みと英語のはたらきに関する知識がある。
> **関連する章**
> 　〇この節で書いたことと深い関連があることが第3章でも取り上げられています。

6　最後に

　最近、ことばの教育にかかわる人たちの中で話題になっていることの1つに「複言語主義」というものがあります。ごく簡単に言えば、一人一人が自分の母語（生まれてから一定の期間、触れていることによって自然に身についた言語。「第一言語」と呼ぶこともあります）以外に、外国語を少なくとも2つ知っておこうというものです。

　ことばは日本語とか、英語とか、スワヒリ語（アフリカの一部で使われている言語）とか、日本手話とかという形をとって現れますが、見かけの違いにもかかわらず、みな同じ共通の性質を持ったシステムなのです。実際、これまで見てきた、音の

世界、文の組み立て方の世界、そして、ことばの使い方の世界のあちこちで、そのことを実感してもらえたのではないでしょうか。

　複言語主義とは母語や外国語を手掛かりにその共通の性質について理解し、それによってことばを効果的に使えるようにしようという考えなのです。いま、「ことばを効果的に使う」と言いましたが、読んだり、書いたり、聞いたり、話したりするだけでなく、考える（「思考する」）ということもその中に含まれます。いや、むしろ、その考えるということがほんとうに大切な部分とも言えるのです。

　ことばを使うことができるのは人間だけです。とても高い知性を持っているチンパンジーやボノボでも、ことばだけは使うことができません。ことばは人間だけに与えられた宝物なのです。英語の学習もことばの力のすばらしさを理解し、その力を最大限に利用するための一環であることを忘れないでください。

まとめ
　○複言語主義とは母語や外国語を手掛かりにその共通の性質について理解し、それによってことばを効果的に使えるようにしようという考えである。

関連する章
　○複言語主義に関係することが第4章に書かれています。

【謝辞】
　本章の執筆にあたっては、草稿を松井孝志さん（山口県鴻城高等学校）と本間猛さん（首都大学東京）に読んでいただき、貴重なコメントを数多くいただきました。その全てを最終稿に反映させることはできませんでしたが、両氏のコメントのおかげで本章の質が高まったことは間違いありません。
　ここに記して、感謝申し上げます。

第 2 章

構造を知ることが役に立つ

瀧田健介

1　はじめに

　英語でも日本語でも、文や句は単語と単語を組み合わせて作られます。その際に、私たちはある決まったやり方にしたがって単語を組み合わせています。例えば、日本語を母語とする人であれば、(1a) のような文は何の問題もないと判断できますが、それと全く同じ単語からなる (1b) は「めちゃくちゃだ」とか、「日本語の文としては受け入れられない」と判断します（このような文の「変さ」を、*をつけて表すことにします）。

（1）a. その少年が急いでケーキを食べた。
　　　b. *ケーキをその食べた急いで少年が。

(2) は文ではなく句ですが、やはり (2a) に対して (2b) は「変だ」と判断されます。

（2）a.　おいしいラーメンとギョーザ
　　　　b.　*とラーメンギョーザおいしい

事情は英語でも同じです。英語を母語とする人は、(3a) に対して (3b) を「変だ」と判断することができます。

　（3）a.　The boy ate a cake quickly.
　　　　b.　*A cake the ate quickly boy.

では、どのようにして単語と単語が組み合わされているのでしょうか。この章では、文や句を作る際に、「構造」という考え方が中心的な役割を果たすことをまず皆さんに知ってもらいたいと思います。さらに、「構造」を知ることが、英語を勉強する、あるいは実際に使う際にとても役に立つことを、いくつかの例から紹介したいと思います。

2　「構造」って何？

　さて、まず私たちはどうやって単語と単語を組み合わせて文や句を作っているか、(2a) を例に用いて考えてみましょう。(2a) を (4) として繰り返します。

　（4）おいしいラーメンとギョーザ

さしあたり、(4) は「おいしい」、「ラーメン」、「と」、「ギョーザ」という4つの単語から成り立っていると考えましょう。

では、これらの4つの要素をどのように組み合わせたら（4）を作ることができるでしょうか。もしこのように聞かれたら、皆さんは「単語を左から右に一列に並べるんだよ」と答えるかもしれません。図で表すとすれば、（5）のようになるでしょうか。

（5）　おいしい - ラーメン - と - ギョーザ

　ここで、（4）がどのような意味を持った句か考えてみましょう。実は、（4）は（6a）のようにも、（6b）のようにも解釈できます。

（6）a. ラーメンとギョーザの両方がおいしい
　　　b. ラーメンはおいしいが、ギョーザはどうかわからない

　このように、（4）は複数の解釈を持つことができます。しかし、このことは（5）のように単語を一列に並べただけではうまくとらえることはできません。なぜなら、ただ一列に並べたと考えるだけでは、その並べ方はたった一通りしかないからです。
　単語がただ一列に並んでいるのでないとすれば、どのようになっているのでしょうか。次のように考えてみましょう。まず、（7a）のように「おいしい」と「ラーメン」を組み合わせて●という「かたまり」を作り、今度は（7b）のように、この●と「と」、そして「ギョーザ」を組み合わせるのです。

（7）a.　[おいしい]　[ラーメン]
　　　b.　[おいしい]　[ラーメン]　[と]　[ギョーザ]

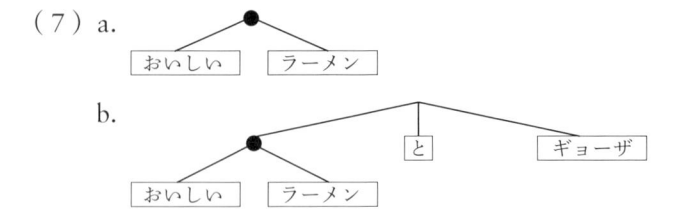

出来上がった（7b）は、「構造」（より正確には、「階層構造」と言います）を持っています。つまり、家に例えれば、「おいしい」と「ラーメン」は、「と」や「ギョーザ」とは違う「階」にいるのです。

　では、（7）とは違う順番で単語同士を組み合わせていったら、どうなるでしょうか。（8）を考えてみましょう。

（8）a.　[ラーメン]　[と]　[ギョーザ]
　　　b.　[おいしい]　[ラーメン]　[と]　[ギョーザ]

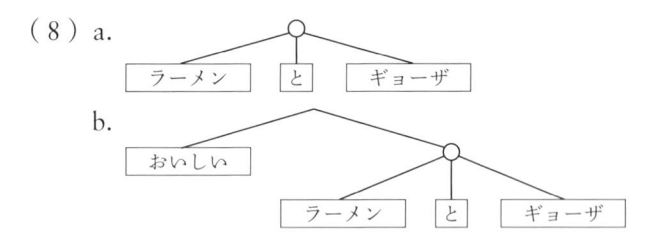

今度は、まず（8a）のように「ラーメン」、「と」、「ギョーザ」を組み合わせてかたまりをつくりました。このかたまりを今度は記号を変えて○で示します。さらに、この○と「おいしい」を組み合わせると、（8b）が出来上がります（これらの●や○は、言語学になじみのない皆さんに説明をしやすくするためのものです。また、●と○の区別は単に説明の都合によるものです）。

ここで、（7b）と（8b）は、どちらも「おいしいラーメンとギョーザ」という単語の並びを持っているのに対して、その構造が違っています。このことは、（4）が（6a–b）の２つの解釈を持っていることを次のように説明してくれます。

（９）a.（7b）では、「おいしい」は「ラーメン」とだけ直接組み合わされている → おいしいのはラーメンだけ＝（6b）
　　　b.（8b）では、「おいしい」は「ラーメン」と「ギョーザ」両方を含む○と直接組み合わされている → ラーメンもギョーザも両方おいしい＝（6a）

つまり、直接目には見えないけれど、組み合わせ方が異なることによって構造が変化し、その構造の違いに応じて複数の解釈が得られることになるのです。
　では、英語ではどうでしょうか。（10a）のような英語の句も、（10b）と（10c）の２つの解釈を許します。

　（10）a. delicious sushi and tempura
　　　 b. 寿司も天ぷらもおいしい
　　　 c. 寿司はおいしいが、天ぷらはどうかわからない

この事実も、（10a）に含まれる４つの単語が、その組み合わせ方によって（11）のような２つの構造を持ちうると考えると、うまく説明することができます（（11）では、（7）や（8）で説明のために使った○や●は省略しています）。

（11） a.

```
        ┌──────┴──────┐
     ┌──┴──┐       ┌──┴──┐
  delicious sushi  and  tempura
```

b.

```
        ┌──────┴──────┐
    delicious      ┌──┴──┐
                ┌──┴──┐  │
              sushi and tempura
```

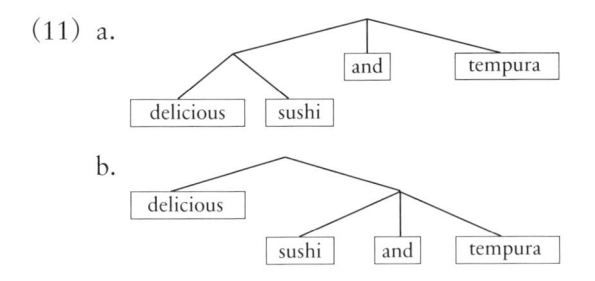

それぞれ、(11a) の構造は (10c) の解釈に、(11b) の構造は (10b) の解釈に相当しています。

このように、英語でも日本語でも、単語を組み合わせて文や句を作るとき、それらを一列に並べるのではなく、構造を持つように組み合わせていくと考えた方がよいことを見てきました。

3 「構造」を知るとどんないいことがあるの？

では、構造を意識するとどのようないいことがあるでしょうか。結論から言うと、いいことばかりです。なぜなら、「英語がわかる」ということの根幹をなすのは、「英語の構造がわかる」ということに他ならないからです。しかし、その全てをここでとりあげることはせず、いくつかの例をとりあげて、構造が果たす役割の重要性を示したいと思います。

3.1 「代名詞」は何を置き換える？

まず初めに、「代名詞」について考えてみましょう。英語では、he とか she などが代名詞と言われますね。さて、(12) の各文について、代名詞 he によって置き換えることができる部

分はどこでしょうか。

　（12）a. John eats sushi.
　　　　b. The boy eats sushi.
　　　　c. The boy from America eats sushi.

そう、下線を引いた部分ですね。つまり、(12a–c) は (13a) のように書き換えることができます（意図されている置き換え元と置き換え先を → を使ってあらわします）。ところが、(12b–c) の下線部のうち、その一部のみを代名詞で置き換えるようとすると、(13b–c) のように、英語の文としては認められないものが出来上がってしまいます。

　（13）a.　He eats sushi.
　　　　　　　　（John/the boy/the boy from America → he）
　　　　b. *The he eats sushi.　　　　　（boy → he）
　　　　c. *He from America eats sushi.　（the boy → he）

(13b) は、(12b) の boy だけを he に置き換えることができず、(13a) のように the boy 全体を置き換えなければならないことを示しています。ところが、不思議なことに、(13c) では he は the boy 全体を置き換えているにもかかわらず、英語の文としては認められません。

　仮に、(12b–c) はそれぞれ (14a–b) のように単語が一列になっているだけで、構造など存在しないと考えてみましょう。

(14) a. the - boy - eats - sushi
　　 b. the - boy - from - America - eats - sushi

　この場合、なぜ he と the boy の置き換えが（14a）では可能で、（14b）では不可能なのか説明できません。しかし、この不思議な事実を、構造という考え方はうまく説明してくれます。
　まず、（12b–c）がそれぞれ（15a–b）のような構造を持っていると考えてみましょう。（15a）では、the と boy だけでかたまりをなしているのに対し、（15b）では、the boy from America 全体がかたまりをなしています。

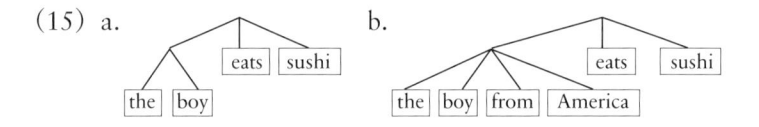

(15) a.　　　　　　　　　　b.

（ツリー図：a. [the boy] eats sushi　b. [the boy from America] eats sushi）

　さらにここで、「代名詞はかたまりを置き換える」と考えてみましょう。そうすれば、（15b）では the boy だけからなるかたまりは存在しないので、その部分だけを he で置き換えることができない、という形で説明できます。
　ある表現を別のもので置き換える、ということは、代名詞だけに限られたものではありません。（16a）の下線部を do so で置き換えて、（16b）のように言うことができます。

(16) a. The girl eats sushi, and the boy <u>eats sushi</u>, too.
　　 b. The girl eats sushi, and the boy does so, too.
　　　　　　　　　　　　　　　（eats sushi → does so）

(16b) にみられるような does so（do so）も置き換えをしているのだから、その対象はかたまりをなしていると考えてみましょう。そうすると、the boy eats sushi のような文は（17a）に繰り返す（15a）の構造ではなく、（17b）の構造を持つと考えるのがよさそうです。

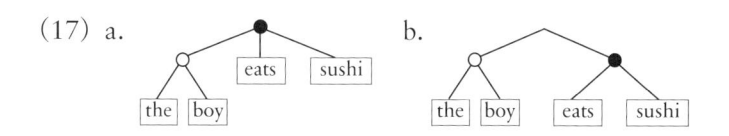

(17) a.　　　　　　　　　　b.

(17a) の●は、eats と sushi だけでなく、the と boy からなる○も含んでいます。一方、(17b) の●は eats と sushi のみを含み、○を含んでいません。したがって、(17b) の構造なら、(16b) で do so によって eats sushi の部分だけを置き換えられるということをうまく説明できることになるのです。

さらに、すでに（16）で見たように、英語では do so という表現で、(18a) に下線で示したような動詞とその目的語からなるかたまりを置き換えることができます。しかし、(18b) の下線で示した、主語と動詞だけからなる部分を置き換えることができる表現は存在しないことが知られています。

(18) a. the boy <u>eats sushi</u> ➔ the boy does so
　　 b. <u>the boy eats</u> sushi ➔ ???

このことも、(17b) の構造は容易に説明してくれます。(17b) において、主語である the boy と動詞の eats だけからなるかた

まりは存在しません。したがって、置き換えはかたまりのみを対象とすると考えれば、(18b) の下線部を置き換えられる表現は存在できないのです。

　このように、英語の文の構造を正しく把握できれば、どういうものを代名詞や do so のような表現で置き換えればよいかがわかります。

3.2　代名詞は何を指せる？

　すでに2節で見たとおり、構造という概念は文の意味を正しく知るのにも大切な役割を果たします。この節では、意味の別の側面、特に代名詞が指すものを正しく解釈するために、構造が大きな役割を果たしていることを見ていきます。

　代名詞はどのようなものを指せるでしょうか。例えば (19) のような A さんと B さんの会話を考えてみましょう。B さんの発言の中の he という代名詞は、A さんの発言に登場する John が指している人と同じ人を指していると考えることができます。

　(19)　A: Did you see John?
　　　　B: He was in the classroom.　　　　(he = John)

このことを、「he = John」という形で表し、ここでの John のような表現をその代名詞の「先行詞」と呼ぶことにしましょう。

　先行詞は、同じ文の中に現れることもできます。例えば (20) では Billy は his の先行詞になることができます（もちろん、Billy が他の人のお母さんを見たという解釈もできますが、

それはここでは考えないことにします)。

(20) Billy saw his mother.　　　　　　　(his = Billy's)

ところが、同じ文中のどの名詞も先行詞になれる、というわけではありません。(20) の代名詞とその先行詞を入れ替えると (21) ができますが、この文においては、(20) において可能だった解釈は許されなくなります (このことを「he ≠ Billy」という形で表すことにします)。

(21) He saw Billy's mother.　　　　　　　(he ≠ Billy)

では、代名詞が同じ文中のどの名詞を先行詞にとれるかということについて考えてみましょう。(20) と (21) からは、(22) のようなことが言えそうです。

(22) 代名詞は自分の右側にあるものを先行詞にできない。

(20) では Billy は代名詞の左側にありますが、(21) では右側にあります。したがって、(20) でのみ Billy が先行詞になり得るというわけです。
　しかし、(23) のような文を考えると、(22) ではうまくいかないことがわかります。

(23) His mother saw Billy.　　　　　　　(his = Billy's)

（23）では、Billy が his の右側にあるにもかかわらず、その先行詞になることができるからです。

　ここまでのところで、代名詞が his という形をしているときは文中のどの名詞でも先行詞にできるのではないか、と思った方は、素晴らしい着眼点の持ち主です。しかし、（24）では、his は Billy をその先行詞にすることができません。

　（24）His book about Billy is interesting.　　　（his ≠ Billy's）

（23）と（24）では his と Billy の左右関係は同じですから、（22）のように左右関係に基づいて可能な先行詞を規定するというのは難しそうです。

　では、構造に基づいて考えてみましょう。まず、Billy が代名詞の先行詞になれる場合、つまり（20）と（23）の構造を考えてみましょう。それぞれを（25a–b）として繰り返します。

　（25）a.　Billy saw his mother.　　　　　　　（his = Billy's）
　　　　b.　His mother saw Billy.　　　　　　　（his = Billy's）

3.1 節ですでにみた「置き換え」を手掛かりにこれらの文の構造を探ってみましょう。まず、his mother は（25a）では her、（25b）では she という代名詞に置き換えることができます。さらに、（25a）の saw his mother、（25b）の saw Billy はどちらも did so（do so）で置き換えることができます。これらのことから、（25a–b）はそれぞれ（26a–b）のような構造をしていると考えることができます（（26a–b）の○は her/she で

48　瀧田健介

置き換えられるかたまり、●は did so で置き換えられるかたまりを表しています）。

(26) a.
```
      ●
   ┌──┴──┐
 Billy   
   saw  ○
      ┌──┴──┐
     his  mother
```
b.
```
      ○
   ┌──┴──┐
  ○      ●
 ┌┴┐    ┌┴┐
his mother saw Billy
```

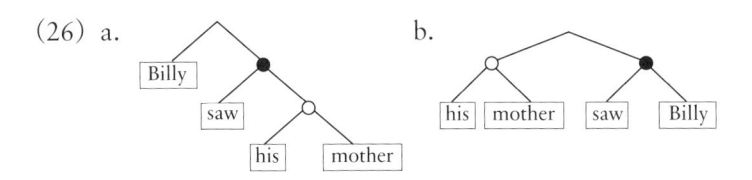

次に、(27a) として繰り返す (21) の構造を考えてみましょう。Billy's mother は her に、saw Billy's mother は did so に置き換えられることから、(27a) の構造として (27b) が考えられます。

(27) a. He saw Billy's mother.　　　　　　　(he ≠ Billy)
b.
```
       ●
    ┌──┴──┐
   he
    saw  ○
        ┌──┴──┐
      Billy's mother
```

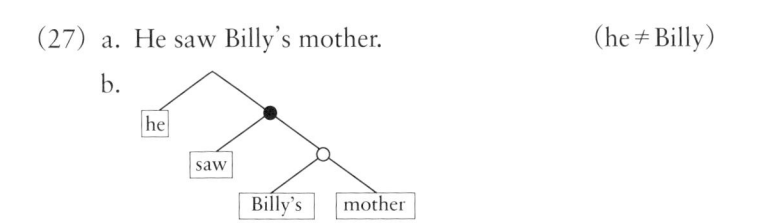

ここで、(26a–b) と (27b) を比べてみると、代名詞とその先行詞になりうる要素 Billy との構造的関係に違いがあることがわかります。(26a–b) では、代名詞 his と組み合わされてかたまりをつくる相手は mother のみですが、(27b) では、代名詞 he と組み合わされる相手は●です。そして、(27b) においてのみ、代名詞と組み合わされる相手に Billy が含まれています。この点に着目して、(28) のような法則を考えてみましょう。

第 2 章　構造を知ることが役に立つ　49

(28) 代名詞は、自分と組み合わされる相手に含まれている
　　　　 要素をその先行詞にとれない。

　では、(28) の法則が (29a) に繰り返す (24) において his が Billy を先行詞にとれないことを説明できるか考えてみましょう。まず、(29b) のように、his book about Billy は代名詞 it で置き換えることができますが、(29c) のようにその一部だけを it で置き換えることはできません。

　　(29) a.　His book about Billy is interesting.　　(his ≠ Billy's)
　　　　 b.　It is interesting.　　(his book about Billy → it)
　　　　 c.　*It about Billy is interesting.　　(his book → it)

つまり、his book about Billy はそれ全体で 1 つのかたまりになっていることがわかります。
　では、his book about Billy の内部はどうなっているでしょうか。実は、(30a) のように one という要素でその一部である book about Billy を置き換えることができます。

　　(30) a.　His one is interesting.　　(book about Billy → one)
　　　　 b.　*One is interesting.　　(his book about Billy → one)

この one は、(30b) のように it とは異なり his book about Billy 全体を置き換えることはできません。
　この it と one による置き換えから、his book about Billy は (31) の構造を持っていると考えられます (●が it で置き換え

られるかたまり、○が one で置き換えられるかたまりです)。

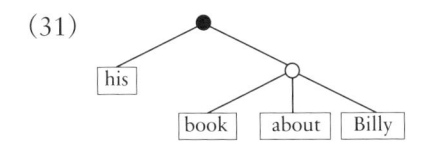

(31)

```
      ●
     / \
   his  ○
       / \
     book about Billy
```

では、his と Billy の関係はどうなっているでしょうか。(31) において his と組み合わされる相手は Billy を含む○です。したがって、(28) の法則から、his が Billy を先行詞にとれないことが説明されます。

このように、代名詞が文中のどのような要素を先行詞にとるか、ということにも構造は大きく関与しています。構造を正しく把握できれば、何が代名詞の先行詞になれるかについて余計な混乱を防ぐことができます。

4　おわりに

　この章では、文や句が、より小さい単語同士のまとまりからなる「構造」を持っていると考えると、英語を勉強したり実際に使ったりする際にとても役に立つことを見てきました。

　2節で見た通り、構造という考え方は英語だけのものではありません。日本語の文や句にも構造は存在します。では、それらはどうなっているでしょうか。英語とはどのように違うでしょうか。あるいは似ているところはあるでしょうか。また、この章で説明した事柄以外に、構造を使うとうまく説明できる例、あるいは、この章で紹介した構造ではうまく説明できない

例は考えられるでしょうか。その場合、どのように考え直したらよいでしょうか。これらのことを自分で色々と考えて試してみることで、より理解が深まります。ぜひ、考えてみてください。

第 3 章

ことばの機能から
コミュニケーションを考える

高田智子

I　コミュニケーションを目的とした英語学習を考える

　私が出会う大方の中学生、高校生は、コミュニケーションを目的として英語を学びたいと言います。今や国際共通語としての英語の位置づけは明らかですから、英語でコミュニケーションをすることにより活動の範囲が広がるだろうと考えるのは当然でしょう。では何のために、コミュニケーションを目的として英語を学ぶのでしょうか。外国の人達と交流する、異文化を知る、国際的な仕事をするなど、いろいろな答えが返ってきます。みなさんがこうして外に目を向けて英語を学ぶことを、私は心強く思っています。同時に、その外向きの指向性が願望にとどまり、具体的な学習法に反映されない傾向に強い懸念をもっています。

　コミュニケーションを目的として英語を学びたいという生徒に具体的な学習法を聞いてみると、判で押したように「文法訳

読ではなく会話を学ぶ」と答えます。私はこの答えに、いつも首をかしげてしまいます。まず、文法はコミュニケーション能力を構成する要素であり、会話と対立する概念ではありません。また、コミュニケーションの媒体は音声言語だけではなく文字言語でもありますから、「コミュニケーション＝会話」でもありません。文法訳読についていえば、英語を母語に訳すこと自体が目的化する学習は避けなければなりませんが、文構造を理解したり、英語と日本語の違いを学んだりするためには有益な方法だと思います。このように、コミュニケーションを目的とした英語学習はかなり誤解されています。もしかしたら、自分の現在の学習法とは違うものを漠然とイメージして、「会話」というレッテルを貼っているのかもしれません。みなさんの頭の中にあるこのもやもやした概念を、最も身近な英語の教科書を使いながら具体化し、英語学習のひとつの視点を提案するのが本章の目的です。

2　言語の働き

　コミュニケーションの目的を、実際のことばのやり取りのレベルで具体的に考えてみましょう。次は、中学 1 年の教科書からの引用です。アメリカ人中学生ジャックが日本人中学生ナナに、アメリカの学校のカフェテリアの写真を見せている場面です。2 人の発話には、どのような意図があるでしょうか。

　　Jack: This is a picture of lunch time.
　　Nana: Oh, lunch time! Tell us about it.

Jack: Sure. Students eat lunch in the cafeteria.
　　　　Some students bring their own lunch.
Nana: What do they bring?
Jack: Sandwiches, fruit, snacks and drinks.
Nana: Snacks, too?
　　　　That's interesting.

Lesson 6 Junior High School in America
TOTAL ENGLISH 1, pp.70–71

　ジャックが「ランチタイムの写真だよ」と「提示する」と、それを見たナナが「ランチタイムのこと、教えて」と「依頼する」。ジャックがそれに応じて「カフェテリアで食べるんだ。お弁当を持ってくる生徒もいるよ」と「説明する」。それを聞いてナナが「お弁当に何を持ってくるの」と「質問する」。お弁当におやつも持ってくると聞いたナナは、日本と状況が違って驚き、「おやつも？」と「聞き返し」、「おもしろいわ」と「感想を言う」。このように、ジャックやナナの発話のひとつずつに「提示する」「依頼する」「説明する」などの意図、つまりコミュニケーションの目的があります。これらを「言語の機能」、または学習指導要領の用語で「言語の働き」と言い、コミュニケーションを目的とした英語学習にとって非常に大切な概念です。

3　「言語の働き」はなぜ大切か

　「言語の働き」が理解されないと、噛み合わない会話になり

ます。バス停でバスを待つ間、隣に並んでいる人にExcuse me. Do you have a watch? と聞かれたら、Yes, I do. とは答えませんね。時計を持っているかどうかを尋ねているのではなく、今何時か教えてくださいと「依頼する」意図で発せられたことばだからです。時計を持っていればSure. It's eight twenty. 持っていなければSorry, I don't. のように答えるのが適切です。一方、期末試験の日、学校へ出かける中学生に母親がDo you have a watch? と聞いたら、時刻を聞いているのではありません。時計を持っているかどうか「確認する」ための質問です。このように、同じ文であっても場面や状況によって「言語の働き」が異なる場合があります。それを理解し適切に応答することが、円滑なコミュニケーションに欠かせません。額面通りの意味ではなく、話者の真意を汲み取ることが必要なのです。

　もうひとつ例をあげましょう。Do you have a pen? の文字通りの意味は中学1年で理解できますが、対話者の間柄や対話の場面によって、この文の働きは異なります。

（1）試験前、ペンを忘れた生徒が隣の生徒に向かって言うとき。
　　言語の働き：依頼する（ペンを貸してくれる？）
　　適切な応答：Here you are.
（2）他の生徒達が黒板に書かれたことをノートに写しているのに、ひとり窓の外を眺めている生徒に、先生が話しかけるとき。
　　言語の働き：注意する（ペンを持ちなさい）
　　適切な応答：Oh, I'm sorry.

（3）学割発行願を鉛筆で記入しようとした生徒に向かって係の人が言うとき。
　　言語の働き：要求する（ペンで書いてください）
　　適切な応答：Oh, I see.

このように、コミュニケーションを成立させるのに必要なのは語彙や構文の知識だけではありません。発話された文脈や一般常識と関連させて話者の意図を的確に理解したり、文脈にふさわしい応答をしたりする能力が必要なのです。「文法訳読ではない英語学習」が、うっすら見えてきましたね。発話がもつ「言語の働き」に注目することが重要なのです。

4　場面で異なる Thank you. の「働き」

　同じ文が場面によって異なる働きをもつことを、身近な例で考えてみましょう。次の場面で、Thank you. と言った話し手の意図を考えてください。

（4）花束を渡している場面。
　　A: Happy birthday to you!
　　B: What lovely flowers! Thank you very much.
（5）来客にコーヒーを勧める場面。
　　A: Would you like another cup of coffee?
　　B: No, thank you.
（6）店内の掲示。
　　Thank you for not eating in the store.

（7）小学校の前庭の立ち入り禁止の芝生で、子ども達がキャッチボールをしている場面。
　　Teacher: Don't play catch there. Thank you.

　(4) は「お礼を言う」おなじみの意味です。(5) から (7) は少し違います。(5) では、No. と共に用いて「けっこうです」と、申し出を断っています。No. だけでは「いらない」とぶっきらぼうに聞こえるので、thank you. を添えています。(6) では、Thank you. がしてもらったことではなく、これからしてもらうことに対して使われています。「ものを食べないという規則を守ってくれますね、ご協力ありがとう」という意味です。Don't eat in the store. でもコミュニケーションは成立しますが、直接的な表現を避け、やんわり要求するために thank you が使われています。(7) も同様、「キャッチボールをやめる」というこれからの行為について Thank you. と言っているのであり、「そこでキャッチボールしてはいけないよ。いいね」という感じのやんわりした要求です。Thank you. は相手への感謝を伝えることばですが、「断る」「要求する」というやや言いにくいことを、角が立たないように伝える潤滑油のような「言語の働き」ももっています。
　一方、「お礼を言う」という働きをするのは、Thank you. のほかにもさまざまな表現があります。It's very kind of you. / You are very kind. などの平叙文（事実を述べる文）でも謝意が伝わります。How kind you are! という感嘆文を使うこともできます。ひとつの表現が、場面や状況などによっていろいろな「言語の働き」をもつと同時に、ひとつの「言語の働き」を

達成するために、いろいろな表現が可能です。コミュニケーションを目的とした英語学習は、役立つ表現を暗記するだけの単純なものではなく、もっと重層的です。

5　文法学習で意識したい「言語の働き」―命令文

　みなさんが知っているように、命令文は動詞の原形で始めて「〜しなさい」という意味をもちます。ところが命令文がいつも命令しているかというと、そうではありません。

（8）　　　　　　（9）

　（8）はスーパーマーケットでよく見かける表示です。free は「無料で」という意味で、ひとつ買ったらひとつおまけするという広告です。形は命令文ですが、お客様に向かって「買いなさい」と命令しているのではありません。「お買い得になっていますよ」と勧めています。（9）はイベントの案内です。sign up は「登録する、申し込む」という意味ですから「今すぐお申込みを！」という感じです。これも「今申し込みなさい」と「命令する」のではなく、「勧める」ための文です。

同じような例は、教科書にもよく登場します。次は中学2年の教科書から引用した、チャリティ・イベントの記事です。

> Charity Walk in Maui
> <u>Help our town's children's hospital.</u>
> ・The Walk begins and ends at the Soccer Park.
> ・You can put your name on the list from 6:30 a.m. on the day of the Walk.
> ・The Walk begins at 7:00 a.m. You must begin the Walk by 7:30.
> ・You must pay $15 for the Walk. All the money will go to the hospital.
>
> Program 3 Charity Walk
> *Sunshine 2*, p.29

　下線部の命令文はどのような「言語の働き」をしているでしょうか。小児病院に援助するためのイベントへの参加を呼び掛けているのですから、「この町の小児病院を援助してください」と「依頼する」文ですね。

　命令文は道案内をするときやお料理の本などで、「指示する」働きをします。

> *Meg*: Excuse me. How can I get to the bank?
> *Woman*: <u>Go along this street, and turn left at the second corner. Then, turn right at the next corner.</u> You'll find it on your left.
>
> Talking Time 道案内
> *TOTAL ENGLISH 2*, P.56

レシピでは、お好み焼きの作り方が教科書に載っています。

1. First, mix the flour and the egg with *dashi*. Then, spread it over the hot plate.
2. Place the cabbage and bean sprouts on it. Then, place the pork slices on the vegetables.
3. …

Challenge 1 Recipe for Hiroshima-style *Okonomiyaki*
Sunshine 3, p. 33

　命令文がもつ「勧める」「依頼する」「指示する」などの「言語の働き」を理解することは、英語を理解するだけでなく自分で表現するためにも重要です。たとえば駅で切符の買い方を聞かれたときやバスの乗り方を聞かれたとき、命令文を使えばよいのです。知らない大人に「命令」していいのかな、と心配する必要はありません。

6　まだある命令文の「言語の働き」

　動詞の原形で始まるという簡単な形なので、文法学習ではあまり注目されることがないのですが、命令文の「言語の働き」はさまざまです。「ドンマイ、ドンマイ」はみなさんもよく使うでしょう。誰かが失敗したとき、がっかりしているとき、「励ます」ために言いますね。英語で綴ると Don't mind. です。Never mind. とも言います。mind は「気にする」という意味なので Never mind. は「気にしちゃだめ」と「励ます」表現で

第3章　ことばの機能からコミュニケーションを考える　61

す。

　テストの採点をしているとき、私はよくできた答案にKeep up the good work. と書くことにしています。直訳すれば「よい学習を続けなさい」となりますが、「その調子」という「励ます」表現です。白い部分が目立つ答案には、やはり命令文を用いてKeep trying.（頑張って）と書きます。

　命令文は「警告する」あるいは「注意する」ためにも使われます。照明が暗いレストランで入口からテーブルまでの間に段差があると「お足もとお気をつけください」と案内役が注意してくれることがあります。英語ではWatch your step. という命令文を使います。背の高い外国人が日本家屋にホームステイすることになったら、鴨居に頭をぶつけないよう、注意してあげましょう。この場合は、Watch your head. と言います。

7　文法学習で意識したい「言語の働き」―現在進行形

　be＋-ingという言語の「形式」は、「今〜している」という「意味」をもち、現在進行形と呼ばれます。中学1年で学習しますね。多くのみなさんは、「形式」と「意味」を理解した後、動詞を書き換えたり、和文英訳をしたりして、この文法規則を使えるように練習するでしょう。この学習法は間違ってはいませんが、「形式」と「意味」の理解にとどまっていては、現在進行形を含む文をコミュニケーションで使うことはできません。もうひとつ重要な要素があります。それが「言語の働き」です。教科書の対話を読んで考えてみましょう。

元日の朝、家族みんなが祖父母の家へ行く支度をしているところへ電話が鳴ります。いったん鳴りやんだ電話が再び鳴り始めた場面です。

Mother: Oh, the phone is ringing again.
　　　　 (10) Meg, are you still changing your clothes?
Daughter: Yes, I am. I'm sorry.
Mother: (11) Sam, are you still drying your hair?
Son: No, I'm not. I can get the phone.
　サムが電話に出ますが、おかあさんが来ないのでサムが大声で呼びます。
Son: Mom! It's Grandma. (12) What are you doing?
Mother: (13) I'm putting on my kimono. Take a message, please.
　　　　　　　　　　　　　　Program 9　A New Year's Visit
　　　　　　　　　　　　　　Sunshine 1, pp.93–97.

(10)「メグ、まだ着替えているの？」という質問は、「着替え終わっていたら、電話に出てくれる？」という依頼です。メグはこの意図をきちんと理解しています。その証拠に、Yes, I am. の次に I'm sorry. と言って、依頼に応じられないことを謝っています。

(11)「サム、まだ髪の毛をかわかしているの？」と、今度はサムに聞いています。サムも「依頼する」という「言語の働き」を理解し、No, I'm not. の次に「電話に出るよ」と依頼に応じています。

(12) は、「何しているの？」と質問していますが、おかあさんがなかなか来ないことにしびれを切らしたサムのことばです

第3章　ことばの機能からコミュニケーションを考える　63

から、「早く来てよ」という催促の気持ちも含まれているかもしれません。(13)は、(12)に答えると同時に、電話に出られない理由を言って弁解しています。

　現在進行形を含むこれらの文には、それぞれ「依頼する」「催促する」「弁解する」という「言語の働き」があります。教科書の対話も、なかなか奥が深いでしょう。中学校の教科書は、原則として各課で新しい文法項目が導入されます。それを学習するとき、「形式」と「意味」に「言語の働き」を加えた3要素を結びつけてください。これら3要素のネットワークを構築することが、コミュニケーション能力の基盤になります。

8　文法学習の基本―「形式」「意味」「言語の働き」でワンセット

　文法学習の基本は、「形式」「意味」「言語の働き」をワンセットにして理解し、練習し、活用することです。もうおわかりのように、「言語の働き」は場面や状況、対話者の間柄などによって決まります。ということは、実際に英語が使われている場面を想定した練習をする必要があります。

　再び教科書に戻りましょう。前節で引用したA New Year's Visitの課には、現在進行形の練習として、次の言語活動があります。

　　　家族に手伝いをたのまれて、あなたが断らなければならないのはどんなときですか。例にならって友達と対話しましょう。

（例）A: Can you help me?
　　　　B: Sorry, I can't. I'm doing my homework.

Program 9　A New Year's Visit
Sunshine 1, p.92

みなさんだったら、どのように断りますか。I'm talking on the phone. / I'm studying for the exam. / I'm listening to the English program on the radio. など、いろいろな理由があるでしょう。重要なのは、「手伝いをたのまれて断る」という、身近な場面を想定してこれらの文をつくることです。こうすることで「言語の働き」を「形式」と「意味」に結びつけることができ、実際にこのような場面に遭遇したとき、蓄積された言語知識の中から現在進行形を取り出して使える可能性が高くなるからです。何よりも、本物のコミュニケーションのつもりで練習すると文法学習が楽しくなります。

9　コミュニケーションを目的とした英語学習とは

　私は本章の冒頭で、コミュニケーションを目的とした英語学習について、ひとつの視点を提案したいと述べました。おわかりいただけたでしょうか。「言語の働き」に注目してメッセージの送り手の真意を理解すること、そして自分がメッセージの送り手の場合は目的とする「言語の働き」にふさわしい言語形式を用いて表現できるよう、「形式」「意味」「言語の働き」の3要素をセットにして学習することです。

　そのための教材として勧めるのは、まず中学校の教科書です。

本章が取り上げた例の多くは、中学校の検定教科書からの引用です。学習指導要領は外国語科の目標のひとつとして、中学校では「コミュニケーション能力の基礎を養う」こと、高等学校では「コミュニケーション能力を養う」ことを掲げています。みなさんが使う教科書は学習指導要領に基づいて編集されていますから、コミュニケーション能力を養うための仕掛けが随所に見られます。それに気づいて活用してください。

たとえば、次は冒頭で引用した対話の一部ですが、これを利用して表現力を高めることができます。

Jack: This is a picture of lunch time.
Nana: Oh, lunch time! Tell us about it.

TOTAL ENGLISH 1, p.70

言語の「形式」と「意味」の2つを結びつけることが英語の学習だと思っている人は、〈tell＋人＋about ～〉（人に～について話す）とノートに書いて暗記して、覚えたらそれでおしまいにします。こういう知識も大切ですが、「言語の働き」という3つ目の要素を忘れると、必要なときにこの知識を取り出すことができません。Tell us about it. という命令文は「それについて教えて」と「依頼する」働きがあるのでしたね。誰かに何かを教えてもらいたいという場面を想像して、いろいろな表現をつくってみましょう。もしジャックのようなアメリカ出身の14歳が自分のクラスに来たら、Tell us about your school events. / Tell us about after-school activities. など、アメリカの生活について聞いてみたいですね。教室ではなくジャックと2

人だけで会話をしているなら Tell me about your school events. になります。こういう場面を想像して英語にしてみましょう。コミュニケーションを目的とした英語学習は、意外に身近なところにあります。

10　日本語で「言語の働き」を考える

　「言語の働き」について考える機会は、日本語の暮らしの中にもたくさんあります。私がときどき通る公園には武蔵野の面影を残す雑木林があって、木道を抜けて仕事場へ行くのがちょっとした楽しみになっています。その公園にこのような標識があります。

　　観察舎の中にゴミを捨てる人がいました。
　　公園内にもコミが目立ってきました。

表面上は事実を報告する文ですが、公園という公共の施設は大切にしなければならないという常識に照らして考えれば、これがコミ捨てを「禁止する」標識であることは明らかです。事実を伝える平叙文が「禁止する」という働きをしています。この公園には次のような標識もあります。

　　観察舎の石が動かされています。
　　大切な草花が傷つき困っています。
　　公園はみんなの大切な財産です。
　　悪質な行為を発見した場合は、通報することがあります。

これも事実を伝えることによって、石を動かすことを「禁止する」と同時に、悪質行為は通報すると「警告する」標識です。「ゴミ捨て禁止」「石を動かすな」ですませてしまうこともできますが、「禁止する」「警告する」のは言いにくいものです。そこで、直接的な表現を使わずに意図を伝えているのであり、読み手はそれを汲み取ることが期待されています。

11　英語学習に必要な柔軟性

　繰り返しになりますが、ひとつの表現が、対話者の間柄や対話の場面によっていろいろな「言語の働き」をもつことがあります。同時に、ひとつの「言語の働き」を達成するために、いろいろな表現が可能です。ということは、ある表現について「知っている」と思っていることが、実はそれに関する知識のほんの一部であることがあるのです。知識を更新していくために、心をオープンにしておきましょう。

　命令文を見ると自動的に「〜しなさい」と理解してしまうような硬直な態度は、コミュニケーションを目的とした英語学習の大敵です。場面や状況のなかでことばを理解し、ことばを使うようにしましょう。そうすると、自分の言語知識の体系には収まりきらないことに遭遇します。「これは命令文だけれど、〜しなさい、という意味ではなさそうだなあ」というような疑問が湧いてきます。そういう疑問を大切にしましょう。みなさんが柔軟な姿勢で英語を学習し、英語コミュニケーション能力を伸ばしていかれることを切に願っています。

引用文献

矢田裕士・吉田研作（著者代表）（2014）*TOTAL ENGLISH 1*, 学校図書.

矢田裕士・吉田研作（著者代表）（2014）*TOTAL ENGLISH 2*, 学校図書.

松畑熙一（監修）（2014）*Sunshine 1*, 開隆堂.

松畑熙一（監修）（2014）*Sunshine 2*, 開隆堂.

松畑熙一（監修）（2014）*Sunshine 3*, 開隆堂.

第4章

世界の英語に目を向けると、英語はもっとおもしろい！

嶋田珠巳

1　はじめに

　「英語」ときいてまず思いうかべるのは、いつもの授業、教科書、1教科としての英語でしょうか。この章のはじめにまず気づいて欲しいことは、英語はひとつのことば、ひとつの言語だということです。

　英語がひとつの言語だということをよりよく理解するために、この本を読む多くの人の母語である日本語のことを考えてみましょう。みなさんは毎日、日本語で友達と話したり、数学を勉強したり、本を読んだり、誰かの話に笑ったりしていますね。そのようなことはいちいち日本語の理解などということを考えずに簡単にできてしまいます。でもそこには、みなさんの言語知識がおおきく関わっているんです。

　日本語の音をきいて意味がわかり、文を理解する。それだけでももう十分にすごいのに、先生に向けての言葉と仲の良い友

達に向けての言葉の使い分けもできる。夏休みにおばあちゃんのいる田舎に帰ったときには、おばあちゃんの話すちょっと違ったことばをなんだか味わい深く感じる。意識していないかもしれないけれど、おばあちゃんの話すことばも日本語で、自分のものとは違った方言だとわかっているのかもしれません。

　英語がひとつの言語だというときに考えてほしいことは、いま日本語について言ったようなことが英語にもあてはまるということです。みなさんが日本語で当然のこととしていつもやっているようなことを、英語を話す人たちもおこなっているわけですね。これはとてもあたりまえのことなのですが、私たちにとっての英語との出会いがまず1教科として学ぶ英語ですから、このだいじなことをわすれてしまいがちです。

　この章ではみなさんに、英語を話している人たちのことを想像してほしいと思います。英語がひとつの言語であるということの意味は、それを話す話者がいて、コミュニティがあって、そこでことばを介したコミュニケーションが日々行われているということです。そして英語の場合には、日本語よりももっとおおきなひろい文脈で、さまざまな国々で、さまざまな人々に、その世界が開けているということなのです。

2　誰が英語を話しているか

　では、世界のどこで英語が話されているのでしょうか。みなさんはすぐにアメリカやイギリスといった国のことを思い浮かべるでしょう。そうですね、たしかにアメリカ合衆国やイギリスでは、英語がその国の多くの人に母語として話されています。

このような国には、ほかに、オーストラリア、カナダ、ニュージーランドなどがあります。もともとイギリスで形成された、いまより少し古い形の英語が、とくに17世紀以降、まずはイギリスに縁のあった国々から海を越えて世界に広がったのです。

ほかにも英語を話す国があるのをご存知ですか。インド、ケニア、ガーナ、シンガポールなどの国々では英語が第二言語として話されています。このような国々では、多くの人たちの母語は現地のことば、たとえばその村の部族のことばであることが少なくありません。そのうえで公用語として英語が用いられることも多くあります。

わたしはインドに行ったことがあるのですが、そこでの言語事情は本で読んで知っている「インドでは英語が第二言語である」ということとは違った様子でした。私たちが「インドでは英語が第二言語である」ときくとき、私たちが学んでいるのと同じ英語を国民のみんなが二番目の言語として話すことをつい想像してしまうのですが、じっさいにはもっと細やかに事実を見ないといけません。インドで話されている英語は、私たちが学ぶ英語あるいはイギリスの英語と同じように耳に響くということではないですし、インドに住む人全員に英語が通じるわけでもないということもまた事実です。

そういえば、英語は私たちも話しますね。英語を話す人の第三のグループは、英語を外国語として学ぶ人たちです。ここには日本のほかに、中国、ロシア、フランス、ドイツ、エジプトなど、枚挙にいとまがないほどに、たくさんの国が含まれます。

英語がそれを話す人にとってどのような位置づけかによって、いま3つのグループを考えました。第一のグループは母語話

者のグループ。およそ 3 億 2,000 万人から 3 億 8,000 万人が含まれます。第二のグループは第二言語あるいは公用語として英語を話す人々のグループで、3 億人から 5 億人が推定されています。第三のグループは学習者で、5 億人から 10 億人いると考えられています。

　もちろん、このようなグループ分けではとらえられない部分もあります。たとえば、シンガポールは第二のグループに属するというのが通常ですが、シンガポールでは英語を母語として話す人が増えつつあります。ほかにも、アイルランドは多くの人が英語を母語として話す国であることに違いはありませんが、いまもアイルランド語が国語として国民に認識されていることなど、イギリスなどと異なった事情のもとで英語が話されていることはこのグループ分けには表れてきません。

　英語を母語として話すグループ、第二言語として話すグループ、外国語として話すグループ。図 1 はこの 3 つのグループを順に、内のサークル（inner circle）、外のサークル（outer

```
Expanding circle
  Outer circle
    Inner circle
    イギリス、アメリカなど
    3.2-3.8億人
  インド、シンガポールなど
  3-5億人
中国、ロシアなど
5-10億人
```

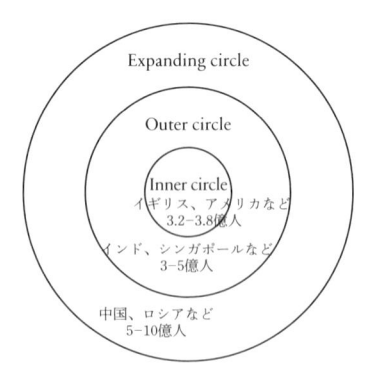

図 1　Kachru のモデルに基づく図（Crystal 2003: 107 参照）

circle）、拡大サークル（expanding circle）として、英語がひろがっている様子を簡単に描いたものです。

　このモデルはいまから30年ほど前に出されたものですが、英語を話す人がもはや母語話者と非母語話者に簡単には二分できない状態にあること、英語の機能する範囲がますますひろがりをみせ、西洋以外の社会においても英語が浸透していることに、研究者の関心が集まりました。World Englishes（世界英語）の研究分野が確立され、世界で話されるさまざまな英語、さらにさまざまな地域における英語教育に関して、活発な研究が行われています。

　ここでWorld Englishesと、Englishが-esのついた複数形になっていることにお気づきになったでしょうか。確固たるひとつの形態として英語をとらえるのではなく、地域文化に根づいたさまざまな英語があるということを許容して、複数の英語の存在を認めようという姿勢がこの表現にあらわれています。ここまで来ればもう確認もいらないかもしれませんが、世界で話される英語は、私たちが学校で学んでいる英語とすべて同じというわけでも、どれもがイギリスやアメリカの英語と同じというわけでもないのです。

3　教科書に載っていない、変わり種英語

　ひとくくりに「英語」といっても、その英語は多様です。たくさんの人が話せば、それだけバリエーションも生まれてきます。同じ地域のことばであっても、年齢や性別、社会階層によってことばに違いがあるということはよくあることですが、

そこでの違いは、文法を同じくする者どうしの、人の社会的属性によることばの違いということができるでしょう。さらにいえば、同じ人でも、フォーマルな場面での言葉遣いと、友人と他愛のない話をするときの言葉遣いはちがっています。同じ文法のもとで、状況や場面に応じた言葉遣いを自然に選択しているのです。海外から日本に来た留学生が、講義で話される日本語と友達と話すときの日本語が違っているからむずかしいと言うのをきけば、あぁそういうことか、とわかりますね。

英語が世界の多くの地域で話されるというときには、こんどは地域差に目が向きます。さらにいえば、その地域差は、それぞれの地域に特有の、英語との出会いかたに関わるものです。英語がどのようにしてその土地に入ってきたのかが、その国や地域の言語状況に影響を与えるわけです。英語が入ってくるまえに別の言語が根づいていたならば、その言語との交わりが英語に影響を与えるかもしれません。ですので、たくさんの人が話す英語は、地域によって、発音のされ方、表現形態、さらに深く文法の部分までそれぞれに違っているということが起こるのです。英語が海を渡って、さまざまな地域に根づき、土地の人々に話されるとき、英語はその土地にすでにある言語と出会って形を変えたり、その土地にある文化のもとで独自の発達を遂げることがあります。

例をあげて、見てみましょう。ここにあげる5つの文は、世界の異なる場所で話されている英語です。

（1）We're after missing the bus!
（2）They were knowing the names.

（3）I like children must learn our mother tongue.
（4）Bruce be running.
（5）You want go Singapore Swing, is it? Say so, la.

　みなさんが知っている英語とは形が違っていますね。文法的におかしいと思ったかもしれません。「（2）は know が知覚動詞だから進行形にならないのでは」、「（4）の be は is か was じゃないですか」、「（5）の最初の文の付加疑問は don't you が正解ですよね」などと思ったみなさんは、きちんと英語学習ができている人です。ここにあげた文例は、私たちが学校で習う英語ではまちがったことになってしまいます。
　それでも、実際にこのような表現が世界の英語には存在しているのです。ここからが英語の、あるいはことばの勉強の本当におもしろいところです。とくに、大学でさらに深く英語を学んだり、言語学をやりたいと思っている人は、この奥になにがあるのか、ちょっと考えてみてください。
　（1）はアイルランド英語（詳しくは本章5節）の例なのですが、どういった意味を表すか、わかりますか。この文は、アイルランド以外の英語圏の人よりも、日本の英語学習者のほうが、意味を正しく言い当てることができるようですが、いかがでしょうか。正解を言ってしまいますが、We're after missing the bus! で「バスを逃してしまった！」の意味を表します。これはじっさいにわたしが出会った表現なのですが、目の前でバスが行ってしまったときにいっしょにいた人が言った文です。
　アイルランド英語には標準英語にない be after V-ing の形があって、この形式でもって「〜したところだ／を終えたばかり

だ」という完了の状態を表すことができます。After の後に名詞句をとることもできて、I am after my lunch. と言えば、「昼食を食べましたよ」という意味になります。アイルランド英語にも、標準英語と同形式の、have で表す現在完了はあるのですが、アイルランド英語には be after 完了もあるので微妙な意味の違いを表すことが可能です。Be after はたんに完了の事実をいうのではなく、聞き手にはたらきかけて、いわば「ニュース」として自分の気持ちを説得的に伝える表現です。Would you like tea? ときかれて、I am after my lunch. と言えば、昼食を食べたという事実そのものよりも、ごはんは食べてきたから今はなにもいらないですよといった、相手への働きかけを及ぼす含意がつよく表れます。

　(2) はインド英語の例です。They were knowing the names. で「彼らはその名前を知っていた」の意味です。標準的な英語で「彼をよく知っている」といえば I know him well. ですが、日本語を話す人にとっては I am knowing him well. が日本語とぴったりだと感じるかもしれません。

　(3) はインド系南アフリカ英語の例で、この英語では like が節を導くことができ、I like [children must learn our mother tongue] で「こどもたちには私たちの母語を学んでほしい」という意味になります。

　(4) はアフリカ系アメリカ英語の例です。アメリカ英語と言っても、学校文法のモデルになっている標準英語ばかりではないことに気づきますね。Bruce be running は be 動詞のまちがいではなく、「ブルースはいつも走っている」という習慣を表す BE + V-ing の形です。この英語の体系においては、Bruce

be running. は、Bruce run.（ブルースは走る）や Bruce running.（ブルースはいま走っている）と対立をなしているのです。

　（5）はシンガポール英語から。You want go Singapore Swing, is it? Say so, la.「シンガポール・スイングのパーティに行きたいなら、行きたいとそう言ったら」の意味です。最初の文の付加疑問が is it になっているところにひとつ特徴がありますね。シンガポール英語では、前の文の動詞の種類や否定語の有無にかかわらず、', is it?' と付けて、「〜ですよね。」の意味を表すことができます。さらに、Say so, la. の la にはシンガポールらしさがよく表れています。この la は中国語の「了」から来ているとされ、日本語の終助詞「ね」や「よ」の機能に似たところがあります。

　シンガポールで話される英語はとくに「シングリッシュ（Singlish）」とよばれます。普段の会話で用いるシンガポールらしい英語をとくにシングリッシュとして、標準英語と区別しているのです。シンガポールからの留学生がこんなふうに書いていました。「シンガポールでは英語は共通語なんですけども多文化社会なんで勉強した英語はすごくかしこまった言語です。シンガポール人の日常会話ならシングリッシュを使います。私のことばはやっぱり「シングリッシュ」だと思います。いろんな言語をまぜた英語です。」この「いろんな言語」というのはマレー語や中国語、タミル語など現地で話される言語を含んでいます。シンガポールは複数の民族から構成されているので、それらの民族語を母語とする人がコミュニケーションをするときに、英語をベースとしてそこにいくつかの民族語の語彙や発音、言い回しが顔をのぞかせ、それが定着するというわけです。

地域に特有の英語を使うことで、うちとけた感じが表せます。

いまここでは、さまざまな英語からの文例をすこしみたにすぎませんが、世界で話す英語は、私たちが学ぶ英語と同じものであるとは限らないことがわかりますね。そして、ここにあげた表現は標準英語からは逸脱しているけれども、それぞれの英語が話されている国や地域においては、生きた英語なのです。

コミュニティの話者に共通に意味の理解がなされるとき、その形式は文法的だといえます。すなわち、まちがいではありません。「まちがい」というのは、たとえば標準英語の体系においては分布がない、あるいはその体系においてその文の発話が不可能であるという意味においてです。みんなが習っている英語と違っているからといって、まちがった英語というわけではなく、それぞれの地域においては立派に意味をなす文表現なのです。教科書に載っていない変わり種英語には、じつはそれぞれの地域の言語の歴史があることにも気づくかもしれません。さまざまなところでさまざまに進化ないし変化しつつあるのが、今日の英語の姿だといえるでしょう。

5　英語が話されているこんな国―アイルランド

さきほどみた（1）の be after 完了の文例は、アイルランドの英語です。アイルランドはイギリスの隣にあってイギリス方言のようにとらえがちですが、そこで話される英語には、独自の文法があります。アイルランドの土着のことば、民族のことばはアイルランド語で、ケルト語のなかま。英語はゲルマン語で系統が異なるので、このふたつの言語の出会いはイノベー

ション（新たな形式と意味の結びつき）を生みだします。アイルランド語から引き継いだ表現形態を、英語のなかに実現させているのです。私はとくにアイルランドの英語を専門的に見てきましたので話したいことはたくさんあるのですが、ここではアイルランド英語の形成の背景を中心にすこしお話しましょう。

　アイルランドに英語が広まったのは 17 世紀のイングランド人の入植以降のことです。最初はイングランド人の支配者たちとのコミュニケーションのために一部のアイルランド人が英語を用いるにとどまっていたのですが、しだいに、英語の習熟は人々の社会経済的な自立を果たすために必要な手段になり、その使用が普及しました。そんなときに、ジャガイモ飢饉が起こり、アイルランド語を話す人口が激減してしまったのです。飢饉のために、およそ 100 万人が亡くなり、100 万人以上がアイルランドを離れたとされています。

　この 1840 年代の大飢饉がアイルランド語の母語としての継承に大きな打撃を与え、アイルランド語から英語へのいわゆる言語交替に拍車をかけることになりました。当時は学校教育でも英語が推奨され、逆に言えば、アイルランド語の使用が制限され、また季節労働者がブリテン島に出稼ぎに行った時代です。アイルランド英語は、バイリンガルとなった親から子へ、子どもには英語をという親の気持ちに後押しされるようにして、そのまた子へと、発展的に継承されたことばです。

　いま英語を話している国のなかにアイルランドのような国があるということは、これから私たちが自分たちの言語や国の言語のことを考えていくときに、覚えておきたいことです。アイルランドは日常的に話す言語がアイルランド語から英語へとか

わる言語交替を経験した国です。英語が貧しさから逃れるための重要な手段、さらには社会的な成功のための手段となり、母親が自分の子供に自分の母語であり民族語であるアイルランド語をわが子にむけて話すことをやめてしまった、その集合的な結果として言語交替をとらえることができます。いまアイルランドは、国語として、また自分たちのアイデンティティを表すものとして、民族語であるアイルランド語を保持し、英語との二言語使用のもとに継承しようと取り組んでいます。

6　英語が話されているこんな国—ネパールからの留学生にきいてみよう

　みなさんは海外からの留学生や友人と話をしたことがありますか。異なる言語・文化的背景を持つ友人がそばにいるのは素晴らしいことです。自分の文化について新たに発見することもあるかもしれません。私たちが日々あたりまえのように思っているものごとにひそむ豊かさは、むしろ外側から日本をみる人や日本語を学ぶ人に気づかせてもらうことも少なくありません。

　明海大学外国語学部の英語学特講の授業で出会った留学生にタパ・ビカシュ（Bikash Thapa）さんがいます。ビカシュさんはわたしが最初に会ったネパール人ですので、つい興味をもっていろいろと教えてもらいたくなります。ネパールはインドの北東に位置する国ですが、ネパールではどのような言語が話されているのでしょうか。ネパールでの英語事情はどうでしょうか。ネパールの言語使用について、ビカシュさんにインタビューしてみました。

ビカシュさんはネパールの首都カトマンズの出身。ネパール語が母語なのですが、幼いときから英語を用いる環境にいたそうです。ビカシュさんは、お父さまもお母さまもほぼネパール語しか話しません。ですので、家庭のことばはネパール語です。ビカシュさんは 3 歳になる前から学校に入って、そこで英語を学びはじめ、英語を話すまわりの環境と英語の授業から、自然に英語を身につけたのだそうです。いまでは家庭のことばにもときどき英語が混ざり、最近ではお母さまがビカシュさんに話しかけるときにも、ネパール語の語が英語の語に替わったりすることがあるそうです。

　ビカシュさんの話によると、ネパールには母語として話される言語が 120 以上あるのだそうです。なかには文字としての記録や正書法のない小さな部族語も含まれています。それらの部族語のうえに、公用語としてのネパール語があります。ネパールでは多くのテレビ番組がネパール語で放送されているのですが、ネパール語の番組であっても所々で英語が話されたり、その両方でやりとりがなされるということがあるそうです。たとえば、歌番組などでは歌や VTR はネパール語なのですが、司会者や番組での会話が英語だということも少なくないといいます。ずいぶんと英語が浸透しているという印象ですね。英語が話せるとかっこいいという感覚もあるそうです。

　ネパールでは、ネパール語を母語とする人は国内の半数よりも多く、国民の 80% 以上が理解するといわれています（野津治仁「ネパール語」の項目。『事典 世界のことば 141』154 頁）。ビカシュさんの話からは、ネパール語が国の公用語として重要な役割を担っており、英語は第二の言語、地方においては土地

のことばとネパール語に続く第三の言語として、機能していることがうかがえます。現在のネパールでは、学校教育を中心として、中学までに英語をある程度身につけていて、中学校以上になると、英語を通して学ぶことが多いといいます。科学や社会の分野では英語で書かれたもののほうがたくさんあるので、直接的に学ぶほうが効率的だということも、英語を媒介として学ぶという選択につながっているようですが、その一方で、多くの授業が英語で行われるので、ネパール語で書く技能が向上しないという弊害もあるようです。

　言語の問題は直接的にその土地に暮らす人々の生活や将来、そしてそれが集積したところでの国の繁栄などと結びついているので、ごく表面的に「民族語を守ろう」というような綺麗事だけを口にできない事情があります。またその一方で、アイルランドにみるように、民族のことばや国のことばは、それがいったん話されなくなると、もとあった状態に戻すことは不可能に近いという現実もあります。英語の威力が強まるなかで、多くの国や地域で、ちょうどいいバランスを見つけないといけないときが来ているのかもしれません。ここではこれ以上深入りできませんが、英語をこれからどうするのかに関しては、日本も他人事でなく、しっかり考えていかなければなりません。みなさんとそんな議論もしてみたいですね。

7　自己表現の英語力

　この章では、教科書で習っている英語の世界から飛び出して、世界の英語に目を向けてきました。母語として話される英語、

第二言語、公用語として話される英語、外国語として学ばれる英語。英語は現代さまざまなかたちで話され、世界にはさまざまな英語が存在しています。イギリス英語、アメリカ英語が絶対的な基準というのではなく、それぞれの地域がそれぞれに話す「らしさ」をもった英語にあらたな価値が見出されつつあります。

　これから必要とされる英語力は、自己表現の英語力です。しっかりと自分で考え、表現する力です。その力をつけるために今日の英語学習で何をすればいいか、具体的なヒントをひとつ書いておきましょう。単語を覚えるときにも、構文を学んだときにも、それを自分が使う場面を想像して英文を作ってみましょう。そのときに自分が楽しくなるような文を工夫して作るといいですね。英語の勉強がどんどん楽しくなると思います。

　この章のおわりに、英語を学ぶあなたへ、だいじなことをお伝えしましょう。みなさんが学校で学んでいる英語は多種多様な英語のうちもっとも標準的な英語であり、それも学習のために学びやすい形に整えられたものです。まずはその英語をしっかりと学ぶことがだいじです。どのような仕組みで文ができているのか、どのようなものの見方が背後にあるのかを考えながら、声に出しながら、ときに日本語に照らしながら、英語という言語の性質を感じてみてください。このことを高校まで、あるいは大学1年生くらいまでにしっかりとやっていることが、世界と自分とを繋ぐ、自己表現の英語力の基礎になります。

　その基礎力をもって、世界に出てください。じっさいに英語が話されている文脈、地域に身をおいて、自分の英語を試してみてください。そこで話されている英語をよく聞いて、学んで

きた英語をその土地の英語に自分のやり方でなじませるのです。世界に出るというのは今の時代、必ずしも海外に行くということでないのかもしれません。身近なところに世界につながる扉があります。英語はことばなのですから、使わないと、英語で読まないと、語らないと、退屈です。世界の英語に目を向けることで、英語はもっとおもしろくなる。その意味を体感してみてください。

参考文献

Crystal, David（2003）*The Cambridge Encyclopedia of the English Language,* 2nd Edition, Cambridge University Press.

Green, Lisa（2002）*African American English: A Linguistic Introduction,* Cambridge University Press.

本名信行（2006）『英語はアジアを結ぶ』、玉川大学出版部.

梶茂樹・中島由美・林徹編（2009）『事典 世界のことば141』、大修館書店.

Kirkpatrick, Andy（2007）*World Englishes: Implications for International Communication and English Language Teaching,* Cambridge University Press.

第 5 章

英語の辞書について
知っておくべきこと

津留﨑毅

1　辞書の価値

　外国語の辞書の価値を改めて強調する必要はないと思いますが、そのありがたさは、日本語が通じない外国に行った時に身にしみて分かります。日本語が全く通じない外国に 1 人滞在している時、あなたの手元にその国のことばの辞書が 1 冊あれば（そして、その辞書を使うための「基礎知識」があれば）どれほど助かるでしょう。外国語を初めて学ぶ場合も、同様です。

　本章では、英語の辞書、特に、「英和辞典」「和英辞典」「英英辞典」について、英語の初学者の皆さんに知っておいてもらいたいことを、思いつくまま書き記したいと思います。なお、最近では、電子辞書や、スマホや PC で検索するオンライン辞書もありますが、紙媒体の辞書との「賢い使い分け」が必要です。特に初学者は、基本的に紙媒体の辞書を使ってその言語を学習すべきです。これについては、本章の第 4 節で述べます。

2　辞書と辞典と意味

　さて、辞書について具体的なお話をする前に、ことばの整理をしておこうと思います。みなさんは、「辞書」と「辞典」という2つのことばの違いを知っていますか？　私自身、第1節で「英語の辞書」と言ったり「英和辞典」と言ったりしていますが、この2つの言い方に何か違いはあるのでしょうか？　少し考えてみてください。

　私の手元にある『デジタル大辞泉』で「辞書」を引いてみると、その第一義として、

> 多数の語を収録し、一定の順序に配列してひとつの集合体として、個々の語の意味・用法、またはその示す内容について記したもの。語のほかに接辞や連語・諺なども収める。また、語の表記単位である文字、特に漢字を登録したものも含めていう。(...) <u>辞書は、辞典（ことばてん）・事典（ことてん）・字典（もじてん）に分類される</u>が、現実に刊行されている辞書の書名では、これらが明確に使い分けられているとはいえない。（下線は筆者）

とあります。つまり、辞書とは、「辞典（＝「ことば」を収録したもの）」や「事典（＝「事柄」を収録したもの）」や「字典（＝「文字」を収録したもの）」の総称（一般的用語）であり、辞典のほうが、より特定的な言い方であることが分かります。

　結局、「英語の辞書」と言っても、「英語の辞典」と言っても間違いではないが、英語のことばの意味を説明した本を指すた

めには、「英語の辞典」の方が、より厳密な言い方をしている、ということになります。

　多くの人は「辞書」と「辞典」の違いをよく知らないままに、そして意図的に区別することなく使い続けてきた（それで困ることは無かった）のではないかと思います。ことばは、その意味をよく知らなくても使えるのです。

　私の知り合いが、かなり昔に、ファッション雑誌に頻繁に現れるカタカナ表記の外来語について調査したことがあります。それらの「ファッション語」を使いこなしているはずの人たちに、その意味を聞くと、多くの人が、その正確な意味を説明することができなかったそうです。つまり、ことばの「表面的なやり取り」は、そのことばの意味を正確に知らなくても、十分可能なのです。しかし「実質的なやり取り」をするためには（例えば、ファッション業界で細かな取り決めが必要な仕事をしているのであれば）、より正確な「意味」の理解が必要になることは、言うまでもありません。そこに登場してくるのが、辞書です。

　考えてみれば、意味をよく知らないことばであっても、それを（少なくとも表面的には）使いこなすことができるというのは、不思議なことです。著名な言語学者である鈴木孝夫氏によれば、それは「ことばの定義」（どのような状況下でどのような対象を表して使うことが求められているか）を知っているからです。ことばは、その「定義」をある程度把握していれば、正確な「意味」は知らなくても、適切に使うことができるのです。だからこそ、「辞書」と「辞典」の正確な違いは知らなくても、これらのことばを使いこなすことが可能なのです。

鈴木氏が主張する「ことばの意味」と「ことばの定義」の区別は、実はかなりややこしいものですので、以下では、両者を特に区別せず、文脈に応じて、「語義」あるいは「意味」と呼ぶことにします。両者の区別を詳しく知りたい人は、鈴木孝夫著『ことばと文化』（岩波新書）の第4章「ことばの意味、ことばの定義」を読んでみてください。

3　辞典の種類と特徴

　外国語を学ぶ者にとって、その外国語を母語で説明した辞書の重要性は、強調しても強調しすぎることはありません。以下では、英語関連の辞書について説明します。皆さんがとりあえず知っておくべき英語関連の辞書は、大きく分けて3種類あります。

- 英和辞典（English-Japanese dictionaries）：英語の見出し語をあげ、その意味・用法などを日本語で説明した辞典。
- 和英辞典（Japanese-English dictionaries）：日本語の見出し語をあげ、それに相当する英語（語、語句、表現）を紹介・説明した辞典。
- 英英辞典（English-English dictionaries）：英語の見出し語をあげ、その意味・用法などを英語で説明した辞典。日本の国語辞典に相当する。

初学の段階では、英和辞典を持っていればよいと思いますが、書店に（4月の入学の時期に）山積みになっているどの英和辞典でも良いというわけではありません。英和辞典は、大きく次のような3種類に分けることができますが、特に初学者の皆

さん（あるいは英語が苦手な皆さん）は「自分に向いた学習英和辞典」を使う必要があります。

●英和辞典
- 学習英和辞典（集録語数 5 〜 7 万語程度、学習者向け）
- 英和中辞典（集録語数 10 〜 15 万語程度収録、上級学習者、社会人向け）
- 英和大辞典（20 万語以上、上級学習者、社会人、専門家向け）

なお、「英和中辞典」とは、「中サイズの英和辞典」という意味であり、「英和大辞典」とは、「大サイズの英和辞典」という意味です（集録語数は、小（学習）- 中 - 大を区別するための大雑把な目安であり、厳密な定義がある訳ではありません。例えば、学習英和辞典の中には、集録語数が 10 万に迫るものもあります）。

英和中辞典に関して、面白いエピソードがあります。かなり昔のことですが、私が教えていた中国人の留学生に、「次の授業の時に『英中辞典（＝英語の見出し語の意味・用法などを中国語で説明した辞典）』を持ってくるように」と指示したところ、その留学生は「英和中辞典（＝中サイズの英和辞典）」を持ってきたのです。不思議に思い理由を尋ねると、その留学生は、その辞典の名前が「英和中辞典」だったため、英語を和（＝日本語）と中（＝中国語）に訳した、いわば「三カ国語辞典」だと勘違いしたことが分かりました。背表紙の文字だけでなく、ページをめくってみればすぐに分かったはずですが、その留学生は、その手間を省いてしまったのです！

さて、英和辞典が、大きく「学習英和辞典」「英和中辞典」

「英和大辞典」の3種類に分けられることを上で説明しましたが、ここで注意すべきことがあります。それは、「大は小を兼ねる」という生活上の知恵が、英和辞典には当てはまらない、ということです。子供が「すぐに大きくなる」という理由で大きめの服を買うお母さんが多いようですが、このもっともな理由は、英和辞典には当てはまりません。大辞典は、見出し語の数では確かに中辞典や学習辞典を完全にカバーします（また、中辞典は、見出し語の数では、学習辞典を完全にカバーします）が、記載内容が質的に異なるため、（つまり、初学者が知っておくべき基本的で重要な内容が、大辞典では「了解済み」として省略されている場合が多いため）代用にならないのです。

　自分のレベルを大幅に超えた大辞典を買ってもらっても、初学者にとっては、無駄な苦労が増えるだけです。アイススケートの初心者だった中学生時代の私は、フィギュア用のスケート靴を履くことを勧められたにもかかわらず、エッジが薄く上級者向きのスピード競技用のスケート靴を（友人たちの手前、見栄を張って）借りて履いたため、氷の上にまともに立つことすらできず、散々な一日を送ったことがあります。今でもアイススケートは苦手です。とにかく、初心者は、まずは自分のレベルに合った「道具」を使うのが上達への近道なのです。

　近年の学習英和辞典は、どの出版社のものも一定の水準をクリアしていますが、その使い方をよく知らないまま（その辞書の、いわゆる「トリセツ」の部分を読まずに）なんとなく使っている人が少なくないようです。電化製品であれば、付属の「取扱説明書」を読まずに、とりあえず使いながら、少しずつ

詳細を学んでいくことも、「習うより慣れよ」ということで、必ずしも悪くはないかも知れません（私の友人に、家電やパソコンなどを購入しても、マニュアルの類はまったく読まず、いろいろな試行錯誤の結果、いつの間にかその使い方をマスターする達人がいます）。しかしながら、英和辞典の場合、使い方の基本や使用されている略語の意味をよく知らないまま使い続けることは、あまりにも無駄が多く、勧められません。

英和辞典を使う際に知っておくべき「基本中の基本」は、見出し語がアルファベット順に（つまりa→b→c→d→e→f→g→h→i→j→k→l→m→n→o→p→q→r→s→t→u→v→w→x→y→zのように）配列されていることです。多くの人にとってはあまりにも当たり前のことですが、電子辞書やスマホ検索だけに頼っている人の中には、この事実すら知らない人がいるかも知れませんので、念のため記しておきます。

学習英和辞書は、一般に、アルファベット順に配列された見出し語のそれぞれに対して、次のような情報を提供しています。

1) 発音（通例、国際音標文字（International Phonetic Alphabet, IPA）と呼ばれる発音記号で表示されていますが、カタカナを使って補助的に表示する場合もあります）
2) 変化形（動詞であれば、不規則な「過去形」、「過去分詞形」など）
3) 品詞（語の種類：名詞、動詞（自動詞と他動詞）、助動詞、形容詞、副詞、前置詞、決定詞（定冠詞、不定

> 　　冠詞、限定詞を含む）など）
> 4）語義（語の意味、語の定義）
> 5）用例（その語が使われた英文とその日本語訳）
> 6）その語が使われた重要な慣用句（成句や熟語）
> 7）その他（語源についての情報、類義語についての情報、
> 　　百科事典的情報、イラストや写真による視覚情報など）

　この中で、4）の「語義」が最重要であることに間違いはありませんが、その情報を適切に利用するためには、自分が調べようとしている語の「品詞」（つまり、名詞なのか、動詞なのか、動詞なら自動詞なのか、他動詞なのか等）が分かっていることが必要です。なぜなら、品詞が違えば語義も違ってくるからです。例えば、book には、名詞として、「本、書物、小切手帳」のような語義がありますが、動詞としては、「〜を予約する、〜と出演契約をする」といった語義があります。例えば、"I must book a table for two." という文中の book の意味を探すためには、この book が名詞ではなく動詞であることが分からねばなりません（ちなみに、この文の意味は「私は 2 人用のテーブルを予約しなければならない」です）。

　辞書を使いこなすには、品詞についての知識が重要です。できれば中学生の内に（高校生であれば、すぐにでも）、代表的な品詞名とその具体例を覚えてしまいましょう（例えば、a(n), the, every などが決定詞、will, can, must などが助動詞、come, go などが自動詞、(...)、on, at, in などが前置詞、といった具合に覚えておきましょう）。

品詞についての知識が重要なのは、辞書を使う時に役に立つからだけではありません。というのは、ある語の品詞と英文法についての知識があれば、その語の使い方がかなり正確に予測できるようになる（つまり、少しおおげさに言えば、「一を聞いて十を知る」ことが可能になる）からです。英文法についての知識は、英語の授業で、少しずつ身につけていくしかありません。「学問に王道なし（There is no royal road to learning）」です。
　さて、学習英和辞典といっても、あまりにも多くの種類が市販されているため、どれを選んだらよいか分からない人が多いと思います。実のところ、昨今の学習英和辞典は、質的にかなり充実していますので、どれを選んでもそれなりに役立つことは間違いありません。ですから、その選択に過度に敏感になる必要はありませんが、それでも、各辞書には、その編集者の考え方や方針の違いが反映されており、使いやすさもかなり異なります。では、そのような数多くの辞書の中から自分に合った辞書をどうやって選べばよいのでしょうか？
　辞書の選択については、わたしのオリジナルの提案ではありませんが、大変よい方法があります。それは、自分がよく知らない語をいくつかピックアップしておき、その語についての解説部分を読み比べる、という方法です。例えば、break という語の意味をよく知らなかったとしたら、この語に関する解説部分を複数の学習英和辞典で読み比べ、その解説が自分にとって最も分かり易かったものを選べば、まず失敗はありません。
　参考までに、私の手元にある3種類の学習英和辞典が break の語義をどのように解説しているのか比較してみましょう。特

定の英和辞典を勧める意図はありませんので、それぞれ、A 英和辞典、B 英和辞典、C 英和辞典と呼ぶことにします。

　A 英和辞典では、break の他動詞としての語義として、他1 から 14 まで、次に自動詞としての語義として、やはり自1 から 14 まで並べ、その後、その他の情報（成句・熟語についての記述）が続きます。これは、多くの英和辞典が採用してきた、スタンダードな記載方式と言えます。

●動詞 break の語義の記述の概略（語義欄の用例は省略）
　── A 英和辞典の場合

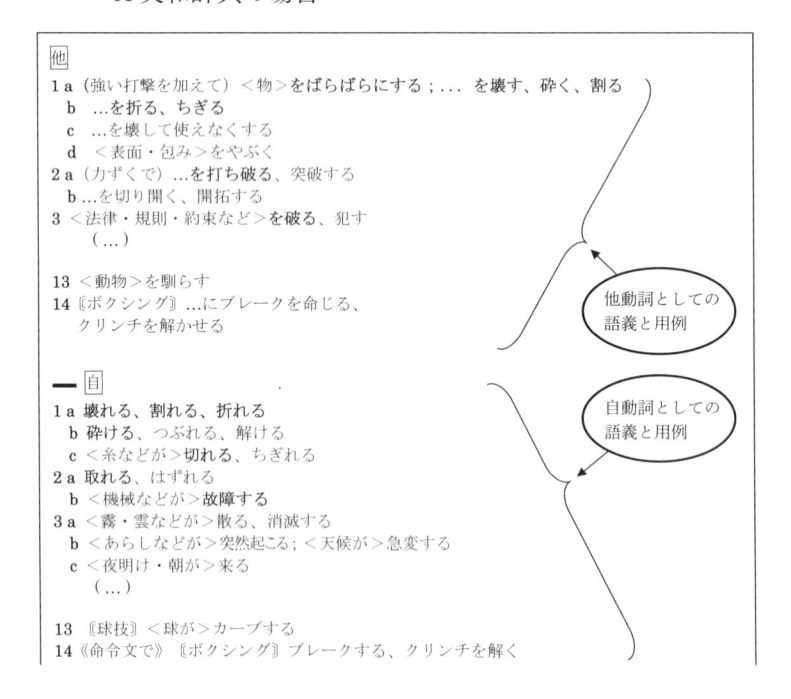

他
1 a （強い打撃を加えて）＜物＞をばらばらにする；...を壊す、砕く、割る
b ...を折る、ちぎる
c ...を壊して使えなくする
d ＜表面・包み＞をやぶく
2 a （力ずくで）...を打ち破る、突破する
b ...を切り開く、開拓する
3 ＜法律・規則・約束など＞を破る、犯す
（...）
13 ＜動物＞を馴らす
14 〘ボクシング〙...にブレークを命じる、クリンチを解かせる

── 自

1 a 壊れる、割れる、折れる
b 砕ける、つぶれる、解ける
c ＜糸などが＞切れる、ちぎれる
2 a 取れる、はずれる
b ＜機械などが＞故障する
3 a ＜霧・雲などが＞散る、消滅する
b ＜あらしなどが＞突然起こる；＜天候が＞急変する
c ＜夜明け・朝が＞来る
（...）
13 〘球技〙＜球が＞カーブする
14 《命令文で》〘ボクシング〙ブレークする、クリンチを解く

（他動詞としての語義と用例）

（自動詞としての語義と用例）

> break away (1) a …を取り払う、むしり取る: We had to *break away* the branches to go deeper into the jungle. われわれは密林のさらに奥深くに進むためには枝を取り払わねばならなかった。 b はずれる、取れる (→ 自2a). (2) (…を振り切って逃げる)、(…から) 脱走する≪*from*≫: He *broke away from* the bad man who was holding him. 彼は彼をつかまえていた悪者を振り払って逃げた. (…)

（成句・熟語）

　B 英和辞典では、冒頭の「プロフィール欄」で、この語の「基本義」とその「派生義」をイラストも利用して説明し、それに続く「意味メニュー欄」で、頻出する代表的な慣用句（成句や熟語）を列挙、その後、他動詞としての語義を 1 から～17 まで、次に自動詞としての語義を 1 から 12 まで、それぞれ例文とともに並べ、最後に句動詞についての記述が続きます。

● 動詞 break の語義の記述の概略（用例は省略） ── B 英和辞典の場合

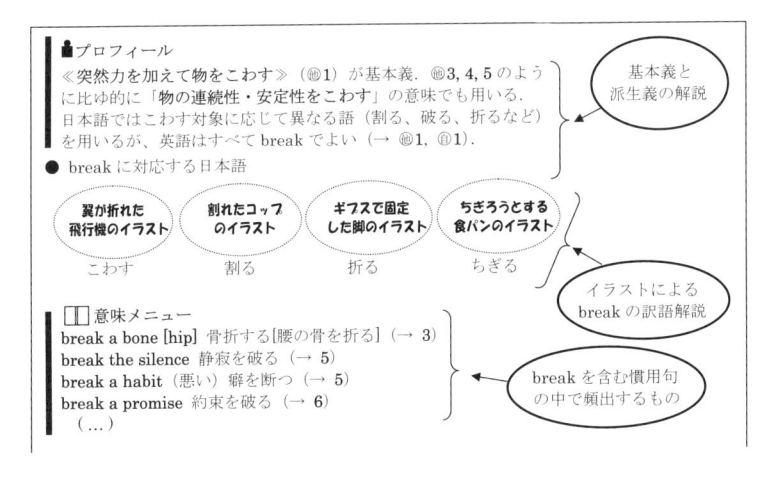

▪ プロフィール
≪突然力を加えて物をこわす≫ (他1) が基本義. 他3, 4, 5 のように比ゆ的に「物の連続性・安定性をこわす」の意味でも用いる。日本語ではこわす対象に応じて異なる語（割る、破る、折るなど）を用いるが、英語はすべて break でよい (→ 他1, 自1).
● break に対応する日本語

翼が折れた飛行機のイラスト	割れたコップのイラスト	ギプスで固定した脚のイラスト	ちぎろうとする食パンのイラスト
こわす	割る	折る	ちぎる

（基本義と派生義の解説）
（イラストによる break の訳語解説）

▪ 意味メニュー
break a bone [hip]　骨折する[腰の骨を折る] (→ 3)
break the silence　静寂を破る (→ 5)
break a habit　(悪い) 癖を断つ (→ 5)
break a promise　約束を破る (→ 6)
　（…）

（break を含む慣用句の中で頻出するもの）

第 5 章　英語の辞書について知っておくべきこと　97

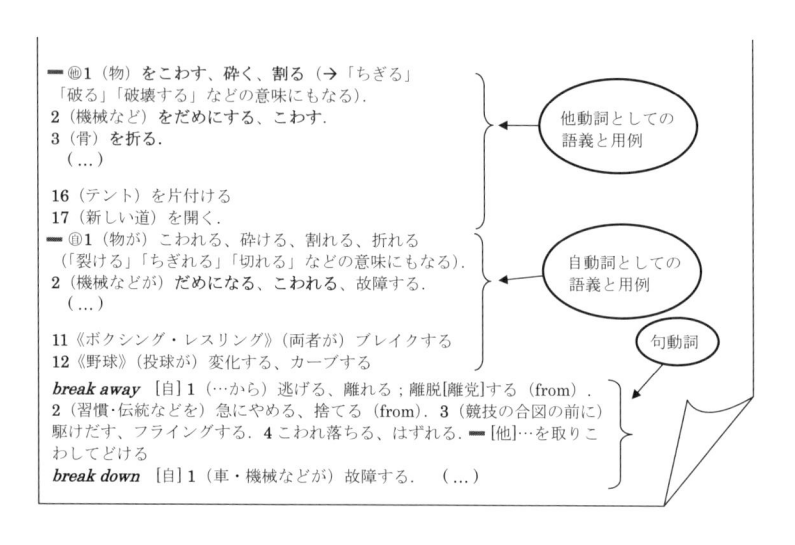

```
━ ⦿1 （物）をこわす、砕く、割る（→「ちぎる」
  「破る」「破壊する」などの意味にもなる）.
  2 （機械など）をだめにする、こわす.
  3 （骨）を折る.
  （…）
  16 （テント）を片付ける
  17 （新しい道）を開く.
━ ⦾1 （物が）こわれる、砕ける、割れる、折れる
  （「裂ける」「ちぎれる」「切れる」などの意味にもなる）.
  2 （機械などが）だめになる、こわれる、故障する.
  （…）
  11 《ボクシング・レスリング》（両者が）ブレイクする
  12 《野球》（投球が）変化する、カーブする
  break away　[自] 1 （…から）逃げる、離れる；離脱[離党]する（from）.
  2 （習慣・伝統などを）急にやめる、捨てる（from）. 3 （競技の合図の前に）
  駆けだす、フライングする. 4 こわれ落ちる、はずれる. ━ [他] …を取りこ
  わしてどける
  break down　[自] 1 （車・機械などが）故障する. （…）
```

（他動詞としての語義と用例）
（自動詞としての語義と用例）
（句動詞）

　C英和辞典では、最初に1から16までの、他動詞（⦿）と自動詞（⦾）としての語義をまとめて提示し、次に、各語義についてのより詳しい説明と例文、それに続いて、その他の情報（「類語欄」、「成句・熟語のリスト」、「句動詞のリスト」）が続きます。

● 動詞 break の語義の記述の概略 —— C英和辞典の場合

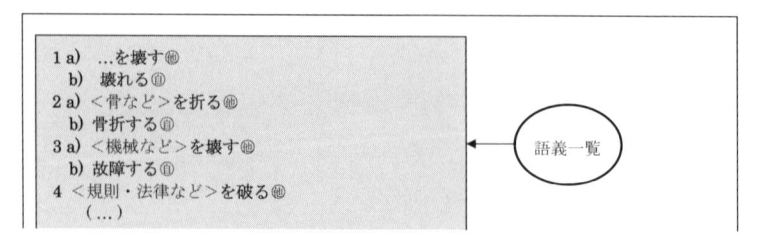

```
1 a） …を壊す⦿
  b） 壊れる⦾
2 a） <骨など>を折る⦿
  b） 骨折する⦾
3 a） <機械など>を壊す⦿
  b） 故障する⦾
4 <規則・法律など>を破る⦿
  （…）
```

（語義一覧）

> 15 ＜天候が＞崩れる⑥
> 16 （ビリヤードなどで）初めのキューを突く⑥
> ＋成句　＋句動詞

（語義の詳細な説明と用例）

> 1 a) ⑩ ...を壊す、割る、折る： *The thieves broke a window.* どろぼうは窓を割った．| **break sth in two / in half / into pieces** ＜...＞を二つ［半分、ばらばら］にする　b) ⑩ 壊れる、割れる、折れる： *Those plates break easily.* あの皿は割れやすい．| **break in two / in half / into pieces** 2つ［半分、ばらばら］になる： *The ice was melting into pieces.* 氷は溶けてばらばらになっていった．
> 2 a) ⑩ ＜腕・足・骨など＞を折る　⚠ *She broke her leg skiing*（×*had her leg broken when skiing*）．彼女はスキーで足を折った．自分が原因で「骨折する」するの意味では have one's leg broken は不可．この構文は「足を折られた」の意味で、他の人から何らかの被害を受けたことを表す．b) ⑩ 骨折する
> 3 a) ⑩ ＜機械など＞を壊す： *He's broken the CD player.* 彼は CD プレイヤーを壊してしまった．b) ⑩ ＜機械などが＞故障する、壊れる： *I dropped the camera and it broke.* カメラを落として壊してしまった．
> 　（...）
> 15 ⑩ ＜天候が＞崩れる： *The long spell of fine weather finally broke.* 長く続いた良い天気がついに崩れた．
> 16 ⑩ （ビリヤードなどで）初めのキューを突く、ゲームを始める

（類語欄）

> |類語|　break は固いものを「壊す」「割る」「砕く」「折る」「破る」などを意味する．刃物を使う場合は cut を用いる．
> smash と shatter は強い力でガラスや皿などを粉々に割ることをいう：
> 　（...）

　これら以外の英和辞典も、それぞれ特徴ある記載方式を採用しています。図書館などで見比べてみてください。いずれにせよ、特定の辞典の記載方式が「正しい」とか「間違っている」とかいうことはありません。自分にとって一番分かりやすい（使いやすい）と感じられる辞典を選びましょう。

4　紙媒体の辞書と電子辞書

　ここで、従来の紙媒体の辞書と電子辞書（スマホや PC で検索できるオンライン辞書を含めます）の賢い使い分けについて、簡単に触れておきます。初学者の皆さんは、基本的に、紙媒体の辞書を使うべきです。ある程度の英語力がついた後は（例えば、高校の高学年以上は）、目的に応じて、賢く使い分けるようにしましょう。

　初学者が「紙媒体の辞書」を使うべきなのは、ある見出し語についての情報の全貌を一覧できるからです。例えば、私の手元にある C 辞典の場合、見開きの 186 ページと 187 ページを開けば、break という動詞の全貌を（break を含む句動詞についての情報の約半分を除いて）視野に入れることができます。break という動詞に（C 辞典の分析では）16 の語義があることや、多くの熟語や句動詞用法があることが瞬時に分かり、自分が必要としている break の語義を比較的短時間で探し出すことができるでしょう。

　電子辞書の場合、見出し語のページから少しずつスクロールしていかなければならないため、その語の全貌を一覧することができません。また、必要な語義にたどり着くまでに、かなりの手間がかかってしまいます（短気な人は、必要な語義にたどり着く前に諦めてしまい、適当な語義を当てはめて分かったつもりになってしまうかも知れません）。

　一方、英語について、ある程度の知識が身に付いたら、必要に応じて電子辞書を併用するのがベストです。最近の電子辞書の強みは、何と言っても、音声情報と検索機能が充実している

ことです。

　紙媒体の辞書の場合、見出し語の発音は、「発音記号」を参考に再現するしかありません。発音記号をよく知っている人でも、記号だけを見て正確な発音を再現することは簡単ではありません。一方、電子辞書の場合、基本的な見出し語であれば、ネイティブの発音で再現することができます。但し、ネイティブの発音を聞くだけで、それを正確に再現することも、普通の人には困難です。発音記号を見ながらネイティブの発音を聞くことにより、ようやく、「英語として許容される発音」を（独学でも）身につけることが可能になります。

　電子辞書の強みは、すでに指摘したように、検索機能の充実です。ある語について基本的な知識を身につけたら、次に必要なのは、その語のコロケーションについての知識（どのような語との組み合わせでその語が用いられるかについての知識）ですが、それを身につけるには、その語が用いられている数多くの用例（例文）に触れることが必要になります。私の持っている電子辞書には「例文検索機能」が付いており、breakで検索すると100件以上の例文を瞬時に呼び出すことができます（但し、呼び出された英文を適切に活用するには、一定の文法知識が必要であることは、言うまでもありません）。

　電子辞書の検索機能には、「例文検索」以外に、「成句検索」「連語検索」「類語検索」など、様々なものがありますが、英語学習上特に便利なのが「逆引き検索機能」です。これは、単語の語尾から、その語尾を持つ語をアルファベット順に呼び出す機能で、「後方一致検索」と呼ばれることもあります。

　逆引きの方法は電子辞書によって異なりますが、検索しよう

とする語尾の前にアステリスク（＊）や波ダッシュ（〜）を入力するものが多いようです。例えば、user-friendly（「使いやすい、ユーザーフレンドリーな」の意）と似た表現を探したければ、検索画面に「＊friendly」あるいは「〜friendly」と入力して決定ボタンを押すと、おおむね、次のような検索結果が得られます。

> citizen-friendly（一般市民にわかりやすい）
> computer-friendly（コンピュータ使用に適した）
> creature-friendly（動物にやさしい）
> earth-friendly（地球にやさしい）
> eco-friendly（生態系にやさしい）
> environment-friendly（環境にやさしい）
> listener-friendly（聞きやすい）
> …

　紙媒体の英和辞典と電子辞書を賢く使い分けることにより、皆さんの英語力が飛躍的に伸びることは間違いありません。

5　おわりに

　学習英和辞典を活用して一定の英語力が身についたら、英和中辞典、和英辞典、英英辞典にもチャレンジして下さい。
　和英辞典は、単語レベルの対応表現を探すには便利ですが、

日本語の特定の言い回しを英語で表現したいと思い、それをどう言えばよいかを知ろうとしてページを開いても、その言い回しが「見出し」あるいは「用例」の形で載っておらず大して役に立たない、ということがよく起こりました。幸い、最近では、そうした点が大幅に改善された優れた和英辞典が入手可能です。手前味噌になりますが、山岸勝榮明海大学名誉教授を編集主幹とする『スーパーアンカー和英辞典』（学習研究社）はお勧めです。

　英英辞典は、現在、英語の学習者を対象とした、大変優れたものが多数市販されています。かつては、母語話者用の難解な英英辞典しか手に入らず、英語学習者は大変苦労したものでした。英英辞典の双璧は、オックスフォード大学出版局の『オックスフォード現代英英辞典』（*Oxford Advanced Learner's Dictionary of Current English,* 通称 OALD）とピアソンエデュケーションがロングマンのブランド名で発行している『ロングマン現代英英辞典』（*Longman Dictionary of Contemporary English,* 通称 LDOCE（昔の略称は LDCE））です。これらに加えて、1987年にハーパーコリンズ社より出版された『Collins コウビルド英英辞典』（*Collins COBUILD English Dictionary*）のシリーズもお勧めです。コウビルド系英英辞典の特徴は、フルセンテンスで意味を定義していることです。例えば cry「泣く」は、"When you cry, tears come from your eyes（...）"（「あなたが泣くとき、涙があなたの目から流れる」）のように定義されています（なお、現在市販されているコウビルド系の英英辞典には、*Collins COBUILD Advanced Learner's Dictionary*、*Collins COBUILD Learner's Dictionary*、*Collins COBUILD*

Student's Dictionary など様々な種類があり、少々混乱するかも知れません。初学者の場合は、最後の *Collins COBUILD Student's Dictionary* がお勧めです）。

　これらの英英辞典は、繰り返し改訂されており、また、ハードカバー版、ソフトカバー版、ペーパーバック版など、いろいろなバージョンが市販されています。フルカラー版や電子版もあります。よく確認・検討し、自分に合った最新版を購入しましょう。

　英英辞典は、いろいろな使い方ができますが、基本的には、自分が英和辞典で学んだ英単語を引き直すことにより、より正確な理解が可能になります。また、英英辞典の「英語による定義」を読むことは、よい英文読解の練習にもなります。例えば、walk に「歩く」という意味があることは皆が知っているでしょう。この walk を OALD で引いてみると、その第一義は、"to move or go somewhere by putting one foot in front of the other on the ground, but without running"（「地面の上で、一方の足をもう一方の足の前におくことにより、ただし走らずに、動くこと、あるいはどこかに行くこと」）とあります。この英語による定義は、「歩く」という意味を表しているという前提で読めば理解しやすいでしょう。逆に、何を表しているかを知らずにこの定義を読んだ場合は、なかなか難解かも知れません。英文は、それが何を表しているかについて想像力を働かせながら読む必要がありますが、英英辞典の定義を読むことは、想像力を働かせながら英文の意味を把握するための良い訓練になるでしょう。

　英英辞典は、また、自分がなんとなく知っているつもりだっ

た（が実際にはよく知らなかった）日本語の意味を正確に知ることを、しばしば可能にしてくれます。例えば、「飲む」を英語で drink ということは、誰でも知っているかも知れませんが、「飲む」の意味は、漠然と（なんとなく）知っているだけではないでしょうか。そこで drink を英英辞典（OALD）で引いてみると、"take (a liquid) into the mouth and swallow"（「（液体）を口に入れて、体内に送り込むこと」）とあり、「飲む」という行為の詳細が分かります。

　なお、前述の鈴木孝夫氏が指摘していることですが、日本語の「飲む」と英語の drink は、使用可能な領域が完全には重なりません。例えば、日本語の「飲む」は薬の錠剤についても使えますが、英語の場合は「液体」に限られるので、使えません（その代わり、take を使います）。一般に、ふたつの異なる言語のことばが、細部までまったく同じ意味を表すということはあり得ません。それだけに、英和辞典などの編集は大変な仕事なのです。興味のある人は、鈴木孝夫著『ことばと文化』（岩波新書）の第1章を読んでみてください。

　自分に適した英和辞典、和英辞典、英英辞典を見つけることができれば、また紙媒体の辞書と電子辞書とを賢く使い分けることができれば、皆さんの英語学習が大いにはかどり、英語力が大幅に向上することは確実です。

第6章

英語の音を心に刻む

―マイメロディーを持っていますか？―

小林裕子

I 受験英語は本当に大切なの？

　「いくら受験英語を勉強しても将来、役に立たないよ」なんて言う人が皆さんの周りにいたとしても決して耳を貸してはいけません。「受験英語なんて文法ばっかりで面白くない。英語なんて通じればいいんだよ」なんていう人がいたとしてもその人の言う事を信じてはいけません。もし、皆さんがこれから、しっかり受験英語の長いトンネルをくぐり抜け、文法をしっかり使いこなせるようになった時に、受験英語も文法も本当に大切なものなんだと気づくでしょう。中途半端にしか英語を勉強しなかった大人の忠告をそのまま受け止めて、大切な受験勉強の大切な年月を「早く終わればいいな」とか「定期試験さえ乗り切ればいい」なんて過ごすのは本当にもったいない。だって、受験勉強に集中する期間はせいぜい中学3年生から高校3年生までの4年間、その4年間の成果が皆さんが希望する大学

に進めるかどうかを決めるといっても過言ではありません。4年間の頑張りが、皆さんのそれからの40年間を左右するとしたらどうでしょう。せっかくだから思いっきり受験勉強に集中してみませんか。

　私は今、大学で時事英語や通訳法を教えています。けれども私は大学の外国語学部を卒業したわけではありません。法学部の政治学科で国際政治や国際関係を勉強した後、国際私法を勉強しました。今は法学部で勉強したことと、誰よりも時間をかけて勉強した英語を同時に活かすことができる、司法通訳人という仕事を大学の仕事の合間の時間を使ってしています。日本に来て刑法に違反した疑いがある外国人で、自分のお金では弁護士を頼むことができない人たちの弁護を担当する国選弁護人の通訳として警察署に行ったり、拘置所にいったり、時には裁判所の法廷で通訳をしています。いったん国選弁護人の通訳人に指名されるととっても忙しい毎日が続きます。けれども、自分が勉強したことを他の人のために使うことができるのは大変な喜びです。

　結局、受験勉強も大学受験も大学での勉強も、誰かのために活かすことができて初めてその学んだものが輝くのです。学んだことは社会でも家庭でも活かしたり、伝えたりすることができるのです。

2　心の中に「マイメロディー」

　大好きな曲は何回聞いても飽きませんよね。一日中リピートしたって飽きない。飽きないどころか何回でも聞きたい！！

歌詞カードなんて見なくても何回も聞いているうちに歌詞なんて覚えちゃいますよね。そして、メロディーが流れてきたら、一緒に歌えますよね。メロディーもリズムも歌詞もいつの間にか自然に頭の中に入っていて、いつでもメロディーを頭の中に流すことができる。そんなメロディーはまさにマイメロディー、つまりマイメロちゃんです。

　こんなことを言われても皆さんにはピンと来ないかもしれません。では、みなさんのお祖父さんお祖母さんのことを思い出してみて下さい。「昭和のメロディー」なんていう番組を見ながら懐かしそうにしていませんか。お祖父さんが「懐かしいなあ」なんて言いながら一緒に歌っていませんか。昭和が終わってもうすぐ30年がたちます。お祖父さんお祖母さんは毎日復習していたわけでもないのに、30年前のメロディーが流れてきたら、すらすらとメロディーやリズムや歌詞を自然に思い出すことができるのです。と同時にその曲が流行っていた頃の出来事を懐かしく思い起こすこともできるはずです。

　私たちは昨日話したことさえ忘れてしまうことがあるのに、なぜ30年前のメロディーが歌詞と共によみがえるのでしょうか。これにはエモーションという私たちの「想い出」や「感動体験」も関係しているのではないかと私は強く思います。エモーションによって記憶は強化されるのではないでしょうか。

3　ほんとうのイマージョン教育

　私の頭の中には半世紀も前に刻まれたマイメロディーがじっと潜んでいます。定期的に復習なんてしなくても、歌詞カード

第6章　英語の音を心に刻む　109

なんて見なくても時々ふと口ずさむ瞬間がくるのです。それはテレビなどから英国国歌が流れてきた時です。英国に住んだこともない私に時折、英国国歌が舞い降りるのはどうしてでしょうか。

　私が５歳のころから祖父母が同居するようになりました。祖父は長年ロンドンに住んでいました。今となっては祖父の意図は知る由もありませんが、祖父は私に英国国歌を教えてくれたのです。その教え方は独特のものでした。祖父にどのような信念があったのか分かりませんが、私にアルファベットを教えるとか歌詞カードを示すとか、そのようなありきたりの方法は一切取りませんでした。祖父はとても頭の良い人で経済学を勉強してＭ物産に入社し、ロンドン支店に長年駐在していました。おそらく英国での生活は当時の王室への敬愛の気持ちを抱かせたのでしょう。その祖父はただひたすら私に英国国歌を少しずつ歌って私にリピートさせたのです。なぜかしら私は全く嫌だとは思いませんでした。祖父も私もお互いにただひたすら辛抱強く繰り返しました。まったく意味も分かりませんでした。日本語で意味を教えてくれることもありませんでした。ただひたすら音とメロディーを私に教え込んでくれました。どのくらいそれが続いたのかも覚えていません。日本語訛り丸出しの英国国歌と炬燵の向こう側で辛抱強くメロディーを口ずさんでくれる知的な祖父の想い出は、何年たっても私のエモーションに触れ続けるのです。

　イマージョン教育という教育方法があります。習得したい言語を、他の言語を介在させることなく修得していく方法です。祖父が私に英国国歌を教えてくれた方法はまさに「イマージョ

ン教育」だったのだと思います。カタカナで書いてくれたり、日本語で意味を教えたりすることなく、ただひたすら音とメロディーで私の記憶に留める方法を選んでくれたのでした。

4　音と意味の関係

　そうやって英国国歌の音とメロディーが頭の中に刻み込まれた私ですが、音の意味、つまり単語の持つ意味については考えることがありませんでした。10歳くらいになって、私が♪ゴーセーブザキーン♪と時折歌うと、父が「それはチョット違うなあ。キングじゃないよクイーンだよ」と、教えてくれました。キングからクイーンに世代交代していたわけです。けれども、不思議なもので英国国王が英国女王に代わっても私の記憶に刻まれた「音」は「キング」であり、そうそう簡単に「クイーン」に上書きされるものではありません。メロディーと一体化して入り込んだ音は深く定着するというのが実感です。
　皆さんは小さいときに英語教室に通った経験がありますか？子供向けの英語教室は歌をたくさん歌いますね。歌詞カードなんてもらいませんね。歌詞カードがなくても、何度も何度も先生と一緒に歌っていると自然と記憶に留まるものです。今、皆さんは英語を上達したくて様々な方法を試していると思います。単語の暗記、文法の暗記、イディオムの暗記、等々「とにかく暗記しなさい」って先生から言われて困っていませんか。私は、やはり暗記にも「音」が重要な役割を果たしていると感じています。例えば、私は学生に「英語を読むときはしっかり頭の中で音を出しながら読みなさい」と、言います。これは私も実行

していることですが、頭の中で「音」を出しながら読むと「読めるのか・読めないのか」「発音できるのか・できないのか」「アクセントが分かっているのか・分かっていないのか」が同時に確認できます。これをセンテンス単位、そしてさらにパラグラフ単位で広げていくと、きちんと綴られた英語は音までも、リズムまでも、そして流れまでもが美しいことが分かります。「でも文法はやっぱり暗記じゃないの？」と言うかもしれませんね。では、次に進みましょう。

5　文法が先か文章が先か（卵が先か鶏が先か論争？）

　文法を勉強しなければ文章が思い浮かばないのでしょうか。単語だけでは何も伝わらないのでしょうか。私はこの問いへの答えは両方とも NO だと思います。

　さて、祖父から英国国歌を知らず知らずのうちに脳裡に刻まれてから、かれこれ十年後、中学生になった私は両親と共に米国に住むこととなりました。私の日本での中学英語の出来栄えは全くダメ。とにかくルールを学ぶことが大嫌いの私の英語の成績は無残なものでした。アメリカの中学では何一つ話すことができない私を気の毒に思った先生方が、私の時間割に（私の中学校では月曜日から金曜日まで同じ 8 コマの授業を繰り返すシステムでした）複数のコーラスのクラスを入れて下さいました。そこでまた私の「歌の修行」が始まったのです！！　とても熱心で高い理想を持ったコーラス指導の先生が私たちに教え込んだのは、『屋根の上のバイオリン弾き』のような有名なミュージカルの楽曲ばかりでした。つまり、台詞が、メロ

ディーになっている訳です。そう！！　ここでまた私はメロディーに乗せて英語を学ぶ機会と再会したのです。

屋根の上のバイオリン弾き

[TEVYE] If I were a rich man,
Yubby dibby dibby dibby dibby dibby dibby dum.
All day long I'd biddy biddy bum.
If I were a wealthy man.
I wouldn't have to work hard.
Ya ha deedle deedle, bubba bubba deedle deedle dum.
If I were a biddy biddy rich,
Idle-diddle-daidle-daidle man.

　英語原題：Fiddler on the Roof
　脚本：Joseph Stein
　作詞：Sheldon Harnick
　作曲：Jerry Bock
　製作：Harold Prince
　演出・振付：Jerome Robbins

　英語を話せない私が中学校でどのように過ごしているのか心配した両親でしたが私が学校で習った歌を口ずさむと父が「随分難しい文法知ってるんだね」と褒めてくれました。私は文法は全く意識せず、よく意味も理解していませんでしたが、ミュージカルの登場人物の状況から英語の文章が（この場合は歌詞）意味するところを推測することはできました。この部分は主人公が「実際にはお金持ちではないけれども、もしもお金

持ちだったらなあ」と、歌う場面です。文法的に難易度が高い仮定法の文章です。このようにルールを教えられたのではなく、状況を理解して文章をメロディーとして聞き、自分もリピートして脳裏に刻むことによって結果的に文法を次第に修得していったのです。

　ほかにも West Side Story などのミュージカル曲を通して私は、メロディーと音とリズムの中に浸されて（イマージョン）いったのです。もうすでにあの時から40年余り経っています。けれども、感情と結びついて音がリズムを得、それがメロディーに乗って台詞となる、あの時に歌ったミュージカルの楽曲は今でも鮮明に蘇るマイメロディーです。

6　私の英国国歌はどうなったか

　5歳児の私に祖父が辛抱強く吹き込んでくれた英国国歌はどうなったのでしょうか。祖父の日本語式発音の英語で私がどうしてもワカラナイ部分がありました。♪ロンチューレンオーバラスゴーセーブザキング♪です。全く不可解な音として私の頭の中で虚しく響く部分でした。

　けれどもある日、祖父が亡くなって10年余りたったある日、大学院で「イギリスの属人法におけるドミサイルの概念の変遷」を勉強している時に reign, sovereign, sovereignty という、この分野では重要な意味を持ち、頻繁に文献に出てくるこの単語を、頭の中で「音」にしながら何度も繰り返して読んでいるうちに、「ん？」と、思う瞬間がやってきたのです。

ロンチューレンオーバラス
ゴーセーブザキング
Long to reign over us
God save the King

　祖父が私の脳に流し込んでくれた英国国歌のメロディーが判然と意味を持って私のエモーションを再び揺らした瞬間でした。

7　教科書で読んだ文章はどこへ消えたか

　私は激烈な受験勉強を高校1年生から始めました。英語の教科書を何度も何度も書き写し、定期試験は95点以下を取ったことはありませんでした。でも、あの時何度も書いた文章は記憶の引き出しのどこをひっかきまわしても出てきません。

　どうして？　それには私なりの答えがあります。いつまでも記憶に残る英語はやはり心に響くものであるということです。記憶に残る3要素を私は考えています。1つ目はメロディー。英文は必ず「音」にしましょう。「音」には表情を付けましょう。それがメロディーです。2つ目は英語が表現しているその内容です。自分が強く共感できる内容の英語で書かれた文章を繰り返し頭の中で鳴らしてみましょう。大好きな歌でもいいでしょう。有名なスピーチでも良いでしょう。自分のエモーションを揺らす文章をマイメロディーにしましょう（日本語では琴線に触れるといいますね）。その中には気が付くと様々な重要な文法表現が散りばめられているものです。素敵な英文を記憶に残す3つ目の要素は何でしょうか。想い出です。その文章

に出合った時の事、その歌に出合った時の自分の気持ちなど、ピンときた理由が必ずあるはずです。想い出を抜きに記憶は残ることはありません。想い出があるからこそ記憶はふと蘇るのです。

　私が英語の学習と「音」や「メロディー」や「エモーション」を結び付けて考えるのには私の性格や興味が関与しているのかもしれません。始めに書きましたが、私は通訳法の研究をしています。特に司法通訳の分野では、被疑者や被告人の発する「単語」が音で発せられ、どのようなリズムやメロディーを持ち、そこに秘められているエモーションはどのようなものであるかを察知することが重要なのです。客観性を担保しながら「単語の意味」だけでは処理しきれない供述を日本語という全く違う言語システムに変換していくのは「単語」対「単語」という単純作業では取りこぼしてしまうものがあまりにも多いからです。

　私の話はそろそろ終わりです。私には娘がいます。彼女も英文科出身ではありませんが、そこそこの英語の使い手です。彼女はNHKラジオ講座を中学・高校と聴き続けていました。でも、講座で覚えた表現は忘れ切ったようです。彼女の記憶にある英語のフレーズは"Annie, Annie, sit up straight"だそうです。ふむふむどういう意味なんでしょうか。どのようなメロディーで語られた言葉なのでしょうか。この言葉と彼女を結ぶエモーションとはどのようなものなのでしょうか。

　皆さんの心の中にもマイメロディーが、ありますか？

第 7 章

中国学研究者からみた英語学習

遊佐昇

I　日本の外国語学習

　日本での外国語との直接の出会いは、多くの場合、学校教育における学習から始まります。それも少数の例外を除くと、外国語学習は中学から始まる英語の学習が一般的な外国語学習の開始のようです。ですが、これも間もなく過去の話となるのかもしれません。ここ最近議論があるように、小学校から英語の学習が開始されるようになるかもしれないからです。この点については、更に広く意見を受け入れての議論が必要ではないかと思っていますが、ここではその問題には触れません。

　要するに、日本での外国語学習は英語が中心に行われていて、それを更に進める方向が見えてきているといえるのですが、もっと端的に言えば、身近に日本語以外の言語との接触がない多くの人にとっては、外国語いえば英語とすぐにつなげて考える思考の経路を作ってしまっています。

外国語というのは、私たち日本の社会で日本語を母語として生活している者から見ると、日本語以外の言語がどれも皆そうなのですから、そこには英語のほかにも多くの言語があり、多様な文化があることを知ることも大切です。
　英語の学習の必要性はもちろんなのですが、英語以外にもっとほかの言語にも目を向けていく工夫も求められるのではないでしょうか。
　その一例として中国語の学習について考えてみましょう。
　中国語の学習は、ごく少数の例を除けば、大学に入ってから学習が開始される言語です。その大学での学習も、もう少し掘り下げて考えてみると、大学で中国語を専攻対象として選んで学ぶ場合と、ほぼ一律に学ばれる英語、それを第一外国語とすると、それ以外に複言語の位置づけで第二外国語として学ばれていることが多いのが現状です。現状における中国との繋がりはその程度のものなのでしょうか。どうも、現実とのバランスが取れていないのではないかと首をかしげたくなります。

2　元来は中国語（漢文）の学習から始まった

　皆さんは「漢文」という言葉を知っていますか。「国語」の教科書の中に組み込まれることが多くなった漢字だけが並んでいる文章のことです。ここでの「漢」は、中国を指していますから、「中国の文」ということで、元々は中国の伝統社会の中で用いられていた文言（書き言葉）のことを指しています。
　古い時代の日本の歴史を学ぶと、文字に残された記録は、日本から貢献に訪れた使者に漢の王から金印が授けられたことを

記す『漢書』東夷伝、卑弥呼の存在を記す『三国志』魏書等の存在を知ります。これらはどれも中国の歴史書で、その中に日本についての記録が残されていたのです。当時の文化的優位性は圧倒的に中国にあったのです。他の文化を学ぶためには、その相手の言葉を学ぶ必要があります。その言葉が「漢文」だったのです。言葉には話される言葉（口語）と、文章化され文字に書き記す言葉（文語）があります。「漢文」は、そのうちの文語であり、書き言葉なのです。

　中国は広い領域を国土としています。そのため口語は地域によって大きく異なり、外国語に近いものにもなってしまいます。そこで古い時代の中国で標準語として用いられたのは、話し言葉ではなく書き言葉としての「漢文」だったのです。そしてその文化を受け入れていた日本でも「漢文」の読み書きの能力が必要とされたのです。そして広く東アジア世界でのグローバル言語として用いられていました。「漢文」は元々外国語だったのです。

　漢文の学習で得た成果では、いかにそのことに熟練したとしても話すことはできません。ただ、筆談ができるだけです。筆談というと中国と日本では同じく漢字が使われているから、文字を書けば大体通じるといった類の話ではありません。修練さえ積めば、伝統に乗っ取った正当な文語文が書けるようになります。この漢文の修練は、江戸時代を通じて知識人層から更に広い層の人々の教養の重要の部分となりました。この伝統が明治時代の文化人には受け継がれていました。夏目漱石が漢詩を残しているのはよく知られた話ですが、芥川龍之介も彼が中国を旅行した時にも、筆談を行っています。

芥川龍之介は中国を訪れると、その度に紀行文を書いています。その中に「北京日記抄」と題する一文があります。この中に芥川が辜鴻銘(こうこうめい)を訪ねる場面が書かれています。(『芥川龍之介全集』第 7 巻　岩波書店　1978)

　　辜鴻銘先生を訪う。…英語にて「よく来た、まあ座れ」と言ふ。勿論辜鴻銘先生なり。…先生の僕と談ずるや、テエブルの上に数枚の藁半紙(わらばんし)を置き、手は鉛筆を動かしてさっさと漢字を書きながら、口はのべつ幕なしに英吉利語をしゃべる。僕の如く耳の怪しきものにはまことに便利なる会話法なり。

　辜鴻銘は、中国の時代区分では清末民国初の人で、中国の伝統文化、及び西洋の言語・文化に広く通じていて、北京大学の教授にもなっています。日本人であれ中国人であれ高い教養を持つ者は、共通語としての「漢文」の筆談を通じて会話ができたのです。ここからも見えるのですが、明治期までの人には「漢文」を外国語として意識していたかは疑問ですが、意識せずに東アジア全体で通用するグローバル言語を身につけていたのです。いずれにしても、口には英語を話しながら、「漢文」で筆談するというのは面白いと思いませんか。

3　外国語としての英語と中国語

　英語も中国語も、今の私たちから見ればどちらも外国語です。一般には中国語が漢字を用いていることから、私たちには入り

やすい言語のように思われていますが、その文法も、そして発音についても、わたくしたちの用いる日本語とは異なっています。

　中国語の文の構成は、日本語とは異なり英語と同じくＳ＋Ｖ＋Ｏという語順になります。日本語では、語順が逆になりＳ＋Ｏ＋Ｖの順で、動詞が後におかれる構成になります。

　語の並びが英語と同じであることから、あるいは似通った文法になっているかというと、やはり、全体としては異なる体系を持っています。文法を取り出して見た場合、中国語では英語と比べて品詞の種類や文の構成から語尾、語頭が屈折を行うのと異なりますし、また格による変化も動詞、形容詞等の変化もありません。決して同じではないのです。中国語の大きな特徴は、ただ語順によってその品詞が決定され、その意味が固定されることにあります。

　そうではあるのですが、あとで見てみますが、英語の母語話者のほうがこの語順が同じという文法要素があることで、すんなりと入れるといえるかもしれません。

4　『老子』の訳から考える

　『老子』というと何だか分かるでしょうか。現代に繋がる中国の思想、文化を形成する上で重要な役割を果たした書で、老子によって書き残されたと言われています。その老子ですが、なかなかよくわからない人物なのですが、『老子』そのものの存在は、最近の出土資料から戦国時代の中期（B.C.300年頃）に確かめることができ、『老子』の原本は、春秋時代（B.C.500

年頃）にまで遡ることも考えられるようになってきています。
（『入門　老荘思想』湯浅邦弘　ちくま新書　2014）

　孔子の生存は（B.C.552～B.C.479）ですので、ほぼ同じころに社会に存在していた可能性も考えられるようになってきました。

　この『老子』は、「道」（中国語の発音で「dao」）を世界の根源として置いて、そこから政治の在り方を説き、人の生き方を説く等、中国世界のみならず広く東アジア社会に長く影響を与えてきた思想の書なのですが、英語ではその考えを「Daoism」と呼んで、翻訳を通じて広く読まれています。

　そもそも『老子』がヨーロッパ圏に紹介されるのは、かなり古く、18世紀にはイエズス会の宣教師により翻訳が紹介されています。最初の英語訳が出たのは19世紀後半になりますが、その後、様々な翻訳が出版されています。

　『老子』のヨーロッパ言語への翻訳が多く出ることで、『老子』とそれらの翻訳から出会う者も出てきました。寺田寅彦（1878～1935）は物理学者としても名高い人物ですが、夏目漱石のもとに集った弟子の一人ともいわれ、今日なお読み継がれる多くの随筆を残しています。

　「変わった話」と題する随筆があり、その中に「電車で老子にあった話」が載っていいます。これがまことに面白い話なのです。

　寺田は『老子』の注釈書を何度も書店で買って読むのですが、かび臭く感じられ、しまいには老子自体も「じじむさい」ように思われ、おしまいまで通読できないでいたのが、本屋の棚で見つけたドイツの書店が出している廉価版叢書の小冊子版の

『老子』を電車の中で読み通してしまったという話です。

　寺田自身、そのドイツ語訳には誤訳が大分含まれていると気づいているのですが、ドイツ語訳で読むと「なかなかおもしろいことが書いてあって、それが実によくわかる。面白いから…、全巻を卒業してしまったのである」と書いています。(『寺田寅彦全集』第8巻　岩波書店　1961)

　これは痛烈な漢学者(漢文の研究者)への批判となっています。中国で生み出された書は「漢文」で書かれています。漢字を共通にする日本語と中国語の違いは、ただ語順だけと考えがちになります。そこで生み出されたのが、「訓読法」です。これは文の中で、横に記号を付けて、その記号に従って前後を転倒させて読めば日本語の語順になると、伝統的にあみ出された素晴らしい「漢文」への対処法です。しかしこれが曲者だったのです。結局は漢字の語順を変えて、「て、に、は、を」の助詞を付けただけの文でしかないのです。漢字は読めるが、その一つ一つの単語の意味が分かるようで分からなく、必然的に文全体の意味がはっきりしないことになります。『老子』は、その影響をまともに受けた書のひとつであったと思います。結果、読んではいるのですが、内容がよくつかめないという袋小路に入り込んでしまうのが一般でした。それに対してヨーロッパの言語に翻訳された「漢文」は、一つ一つの文を自分たちの言葉を用いて、内容が理解できることに目的を置いた翻訳法が用いられていたのです。

　英語への訳の話に戻りましょう。数多い英語訳の中で、アーサー・ウェイリー(Arther Waley(1889–1966))の『老子』訳である『THE WAY AND ITS POWER–A Study of TAO TE

CHING and Its Place in Chinese Thought』は、取り上げておきたい一冊です。

　アーサー・ウェイリーは、日本語と中国の古典に通じた学者で、日本では『源氏物語』の英語訳作者として名高い人物です。この『老子』の英語訳は欧米諸国のみならず世界に広く読まれたようで、日本語への翻訳、更には日本での『老子』の本文理解にも大きな影響を与えています。小川環樹による『老子』の翻訳は、日本において読み継がれている一冊ですが、その「解説」の中で「私が『老子』を現代語に訳するにあたって最も大きな恩恵をうけたのはウェイリイの英訳であった」と言っています。(『老子』小川環樹訳注　中公文庫　1973)英語への翻訳に当たっては、一つ一つの語の意味をはっきりさせないで、そのままの漢字を訳文に移すことで済ますことができないのです。ここに重要な意味があります。

　ウェイリー訳の『老子』は、様々な反響を日本での読者にも与えています。現代の詩人である加島祥造は、『老子』をウェイリー訳等の英訳で読み、その後で原文と注釈を見て、そこから日本語の訳を付けたと言っています。ですからこの訳には漢文臭さを全く感じさせないのです。(『タオ・老子』筑摩書房　2000)

　この本で興味深かったのは中国語と英語の語順にも注意を与えている点です。分かりやすく、次に表にしてしめします。

　『老子』第6章の冒頭に次のような一節があります。

原文	谷神	不	死、	是	謂	玄牝。
英語訳	The Spirit of the Valley	never	dies,	It is	called	the Mystic female.
書き下し文	谷神は死せず、是れを玄牝と謂う。

原文の中国語と英語がきれいに語順を同じくして対応しているのが見て取れます。英語圏からの学習者が現在の中国語の学習で一歩先んじると感じさせることがままあります。もちろん漢字の学習を除いてということですが、学習の成果に結びつけやすい一面のあることが納得できると思います。それに対して、最近まで漢文の翻訳として通用していた書き下し文では、語順が逆になっている部分があるのが分かると思います。

　次に、訳文の付け方にも変化が生じていることを見てみましょう。「書き下し文─小川訳─加島訳」と並べてみました。

書き下し文	谷神は死せず、是れを玄牝と謂う。
小川訳	谷の神は決して死なない。それは神秘な牝と名づけられる。
加島訳	道の満ちた谷にいる神は、決して死なないのさ。それは、すべてを生み出す神秘な女体と言えるものなんだ。

　どの訳が分かりやすいか、すぐに結論が出ます。1つのことばに、そして全体の文脈に注意を払って訳文を付けることは簡単ではありません。英語での訳にはそれが求められます。その結果、翻訳のそれぞれに異なる訳文が出てきます。それは、訳者の考えが訳文にしっかりと反映されるからにほかなりません。

5　使う機会はあるの

　中国語の学習は漢文の学習から始まったと先に述べました。つまり読む、そして書く、この2つの使い方がもっぱらだったのです。

　その反省に立つのが現代の中国語教育です。そこでは「読む、書く」だけではなく、「話す」ことが重要な1つの柱となって

います。

　それでは、中国学の研究者の場合、英語はどのように学習されているでしょうか。これは、もちろんのこと、全員において同じであるはずはなく、学び研究している領域によって必要とされる度合いが異なりますし、個々の考えによっても異なることになるかと思います。

　中国学の領域においても国際学会や国際会議は開かれます。それも近頃は頻繁に開かれているといった差し支えないことでしょう。その際ですが、公用語が決められます、中国語、そして英語であることが一般的です。また、そこにその学会の開催地の選択する言語が付け加えられます。フランス語、日本語などです。公用語の中心に中国語があることが重要です。基本的には、中国学を研究するものは中国語を学んでいます。これはヨーロッパの研究者であっても、アメリカの研究者であっても、広くアジアの研究者であっても同じことです。中国語の重要性が第一義となります。

　それでは、英語の学習は必要ないのかというと、それは違います。研究者の多くは、中国語を用いて論文を発表することもありますが、基本的には母語を用います。しかし、論文は多くの研究者に読んでもらいたいと思って発表するのですから、中国語、英語での公刊が増えてきています。日本での中国学研究者にとって、英語の学習は、自らの視野を広げるためにも必要な学習であると言っていいでしょう。

第 8 章

異文化間コミュニケーションにおける非言語メッセージの重要性

原和也

1　はじめに

　英語学習の大きな目標のひとつとして、コミュニケーション能力を育成することが挙げられます。コミュニケーションとは、その語源であるラテン語の"communicare"［コミュニカーレ：共通項］が意味するよう、お互いの頭の中にある意味を共有し、理解を深めていく過程です。その伝達手段として、言語によるメッセージと、身振り・手振りや、顔の表情等による非言語メッセージがあります。コミュニケーションの充実度は、これらのメッセージをいかに効果的にやりとりできるかによるということです。

　日常生活を振り返ってみると、意外と言葉以外のメッセージをやりとりしていることに気がつくでしょう。例えば、写真を撮る時に、思わずＶサインをしたことがあると思います。授業中に、発言を求められた際、照れ隠しで思わず頭を掻いた経験

があるかもしれません。また、会話において、相手が何を考えているのかを読みとろうとする際、その人の表情や声の出し方に注意を払ったことがあるかもしれません。このように、日頃無意識に行っている行動を改めて振り返ってみると、言葉以外のメッセージの送受信が結構あるものです。このようなメッセージを非言語メッセージと呼び、このようなメッセージによるコミュニケーションを、非言語コミュニケーション（nonverbal communication）と呼びます。Knapp & Hall（2010）は非言語コミュニケーションを、"communication effected by means other than words"［言葉以外の手段によりなされるコミュニケーション］（p. 5）と定義しており、この手段には、身体の各部の動作のみならず、他者へのタッチング、会話における距離のとり方、アイコンタクト等、様々なメッセージが含まれます。

　ここで、英語でのコミュニケーション活動について考えてみましょう。授業で、ネイティブ・スピーカーの先生から教わった経験のある方は、その時の状況を思い出してみて下さい。最初のうち、その先生のオーバーに感じられる身振りや手振り、声の抑揚、そしてアイコンタクトの長さ等に戸惑いを感じたかもしれません。また、質問を投げかけられた時、先生の話を集中して聞き取り、自分の考えをじっくりと頭の中で整理している最中に、"Don't be shy!"と言われ、腑に落ちない感情を抱いたことがある人もいるかもしれません。しかし、会話を重ね、授業スタイルの違いに慣れてくると、自分自身も言いたいことを積極的に、しかもオーバー・アクション気味に発信しているのに気づくのではないでしょうか。

非言語メッセージの重要性は、言語の利便性から少し距離を置いてみると見えてきます。いくつか例を挙げてみると、私たちは電話の向こうの相手に、♡の記号を、言葉だけで伝えることはほぼ不可能です。メールを送る際、自分の気持ちを伝えるために、顔の表情を表す絵文字を使うことが多いでしょう。アイコンタクトも強いメッセージを放っています。例えば、私たちは遠くにいる相手と言葉が通じない距離にいる時でも、視線が合うだけで、つながっている感じがするものです。

　一方、非言語メッセージは、言語メッセージと比べると、個々人が自由に使うことができ、解釈に揺れが生じやすいと言えます。例えば、OKサイン（hand ring）は、北アメリカとヨーロッパ各地では「オーケー」の意味ですが、日本では「お金」、ベルギー、フランス、チュニジアでは「ゼロ」を意味します（Morris, 1994）。また、日本では「こちらに来なさい」は手招きをしますが、英語話者には、そのジェスチャーは「あっちに行って」の意味と解釈されます。従って、このような非言語メッセージの使用は、異文化間で時に誤解の原因となることがあります。

　しかし、広い視点で捉えてみれば、言語も非言語も、メッセージ性を持つ記号であることに変わりはありません。例えば、恋人からメールで、"I love you"あるいは"I ♥ you"というメッセージを受け取ったとすると、どちらでも、相手から愛されていることが分かります。しかし、"I 💔 you"というメッセージが来たら、その記号に対して、単に怒っているのか、あるいは絶交のサインなのかなどと、色々と解釈を巡らせてしまうことでしょう。このように、"love"という単語や"♥"という記号、

あるいは、"💔"という記号を用いても、ある程度の意味は伝わります。しかし、その解釈は、人によって様々です。言語、非言語を問わず、メッセージや記号そのものに意味はなく、意味は私たち一人一人の頭の中にあります。私たちは、自らの頭の中の意味をもとに、送られてきたメッセージの解釈をしているのです。

　本章では、英語を用いて異文化間でのコミュニケーションをする際に、非言語メッセージがどのような役割を果たしているかということについて理解を深めていきます。最初に、非言語メッセージの基本事項を学びます。次に異文化間コミュニケーションを視野に入れ、英語学習への応用について考えていきます。本章を通じて、学習者の皆さんが、相手のメッセージを解釈し自分を表現することの喜びをより深め、バランスの取れたコミュニケーション能力を身につける一助になれば幸いです。

2　非言語メッセージの基本事項

　高度な思考を伴う議論や会話は、言語なくして行うことはできません。しかし、自分の感情を全面に出したい時、非言語メッセージのほうが有効であることもあります。言語は音声と文字の2種類の手段で伝えることができますが、非言語の場合、身振り、視線、相手への距離などと、複数のメッセージを組み合わせて表現することができます。また、言語はデジタル的であるのに対し、非言語はアナログ的です。ここでは、そのような非言語メッセージの特性、会話に占める割合、分類の仕方について見ていきます。

2.1 非言語メッセージの特性

　本題に入る前に、非言語メッセージの特性を3つの視点から考えてみたいと思います。最初に、非言語メッセージには、生まれ持って身につけているものと、生まれた後に学習によって習得するものがあります。目を閉じたり、匂いを嗅いだりすることは、他の動物と共通です。これらは、種の生存のために必要であると言えます。その他の例として、舌出し（tongue showing）があります。これは赤ん坊が満腹になった時に、舌で食べ物を押し出すことをみると、拒絶のサインであることが分かります（Morris, 1977）。大人の場合、何か集中することを要する活動や、ストレスを感じている時、感情のコントロールができていないと感じる時、あるいは厳しく責められた時に見られます。このしぐさは、霊長類にも見られます（Burgoon, Guerrero, & Floyd, 2010）。しかし、日本の「あかんべー」のように、他者を侮辱する際に、下まぶたを下げ赤い部分を出す表現法は、他者のしぐさの模倣から学んだものです。

　2つ目として、非言語メッセージには、世界の様々な国において共通に見られるものと、それぞれの文化特有のものがあります。他者と出会った時に、挨拶をするということは、どの国においても見られますが、日本人はお辞儀をし、英米人は握手をするのが一般的です。両者の挨拶でよく生じるギャップの例として、東山（1993）は、英語社会では相手と目を合わせて、しっかりと手を握ることが普通ですが、お辞儀をする習慣のある日本人は、お辞儀と握手がミックスされ、視線を合わせる機会を失ってしまうことが多いと指摘しています。その結果、米国人の中には、相手が積極的にコミュニケーションをしようと

する意思がないと、誤解してしまう人がいます。

図1　初対面の日本人と英米人の握手とおじぎ

　3つ目として、非言語メッセージには、意図的なものと、非意図的なものがあります。例えば、人が怒る時、怒りは自然に、すなわち非意図的に表情に現れます。その際、眉の内側は下方に下がり、互いに引き寄せられ、下まぶたは鼻の方向へ引かれ、上まぶたは持ち上げられ、さらに唇は固く結ばれます（工藤、1999）。これに対して、親が子供を叱る時、げんこつや、鬼の角のジェスチャーをした場合、それは意図的に行っているのです。

2.2　会話における非言語メッセージの割合

　私たちは、会話において、どの位の割合で、言語と非言語メッセージを使っているのでしょうか。Birdwhistell（1955）はフィールド観察をもとに、言語による伝達は35％程度で、残りの65％程度は、ジェスチャーや身のこなしなどの非言語メッセージによって意味が伝えられていると報告しています。また、Wiener & Mehrabian（1968）は、相手が言語と非言語

が矛盾したあいまいなメッセージを送ってきた時、その真意を解釈するために、言語は7％、声の調子は33％、顔の表情は55％の割合を占めていると分析しており、実に93％も非言語メッセージに頼っていると報告しています。例えば、喧嘩をした後に相手が、"I'm no longer angry with you." と言ったとしましょう。その際、相手がどの程度許してくれているのかを解釈するには、言葉そのものよりも、顔の表情や声の出し方に依存するということです。

　顔の表情や声の出し方が、いかに多くのメッセージを伝えているかは、テレビの音声を消してみると分かります。登場人物の表情や振る舞いから、その人の感情がある程度分かるはずです。また、声の調子の重要さは、海外で制作された映画の吹き替えと、元の言語での会話を比べると分かります。登場人物の印象や、雰囲気がかなり違ってくるかもしれません。私たちが英語を話したり、音読する際にも、これらの要素に注意を払うだけで、随分と伝わり方が違ってくるものです。

2.3　非言語メッセージの分類

　非言語メッセージのジェスチャーを中心に、身振りや動作を扱う研究分野を、身体動作学（kinesics）といいます。Ekman & Friesen (1969) は、非言語メッセージが伝達できる内容、人が生まれ持っている行動、そして社会・文化的な行動に焦点を当て、身体動作を以下の5つに分類しました。

　1つ目は、表象記号（emblems）で、語彙的な動作です。例えば、日常生活でよくみられるVサインですが、これはもともと1941年に、ベルギーの法律家がナチに対抗する宣伝活動

の象徴として考え出したもので（Morris, 1994）、第二次世界大戦中、当時の英国首相であったウィンストン・チャーチルが「勝利」を表すサインとして使い始め、政治やスポーツの世界に広まりました。そして時代を経て、米国でベトナム戦争の時に、反戦家たちにより、「平和」を表すために用いられました（Vargas, 1986）。しかし、英国では、手の甲を相手に向けて掲げると、侮辱の意味となるので注意が必要です。

図2　Vサインと裏返しVサイン

　2つ目は、例示動作（illustrators）で、ものの大きさや長さ、形などを描写するものです。言語メッセージと一緒に用いられることが多く、発話の内容を分かりやすくする動作です。例えば、釣りをして大きな魚を逃したとします。後で誰かにその話をする際、「実は、大きな魚を…」と言う時に、その大きさや形を手で表現するのが例示動作です。また、英語のスピーチを聞いていると、両手の人差し指と中指を前方に折るカニのようなジェスチャーを見ることがあります。これは二重引用符［" "］を意味しており、誰かが発言したことや書いたことを自分のスピーチの中に引用したり、カッコをつけて強調したりする際に用いられます。

図3　二重引用符のジェスチャー

　3つ目は、感情表示（affect displays）で、主に顔の表情によるものですが、姿勢や歩き方などの身体の動きも、感情を表現するものとして含まれます。私たちは素直に感情を表出することもあれば、作り笑いのように、実際の感情とは違う表情を表出することも可能です。また、人前で不快な感情を出さないようにする時など、表出を抑制することも可能です。Ekman & Friesen（1971）の調査によると、人間の表情には、(a) 怒り、(b) 恐れ、(c) 嫌悪、(d) 驚き、(e) 幸福、(f) 悲しみに関する6つの基礎的な感情があり、それらは文化を超えて、普遍的に見られるとのことです。図4の写真を見てみると、どの感情を表出しているのかを、高い確率で判断できると思います。

(a)　　　　　(b)　　　　　(c)

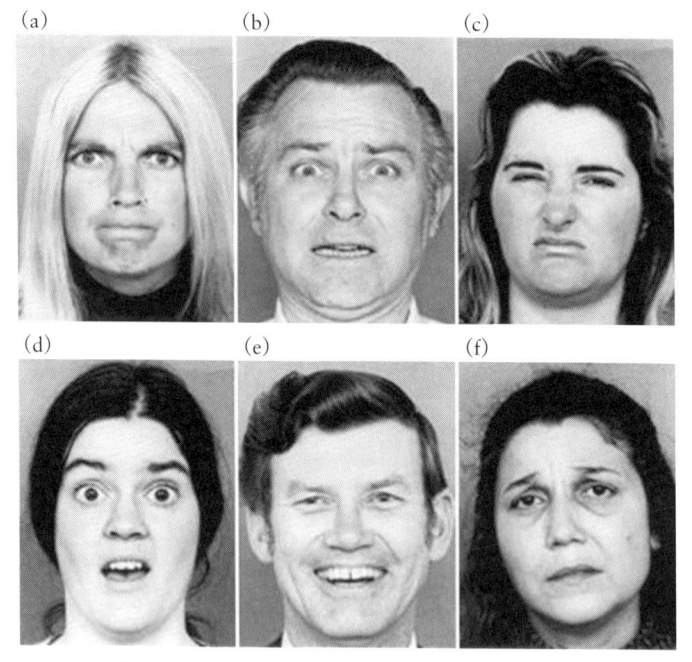

(d)　　　　　(e)　　　　　(f)

図4　6つの普遍的な表情（Burgoon, Buller, & Woodall, 1996, p. 284）

　4つ目は、発話調整動作（regulators）と呼ばれるもので、会話の交通整理をするものです。代表的なものはあいづちや視線をお互いに送ることで、そうすることにより会話を続けたりやめたりすることができます。電話のように相手の顔が見えない状況での会話では、同時に話をしてしまうことがありますが、これは相手のあいづちや視線が見えないため、会話の主導権を上手く交代し損ねることにより起こるものです。そのため、トランシーバーでの会話では、「どうぞ」と言うことにより、交互に番を取りながら話をしているのです。

　5つ目は、適応動作（adaptors）と呼ばれるもので、自分自

身の不安、不快感などの心理的あるいは肉体的ニーズを満たそうとして行う動作です。例えば、スピーチをする時、緊張を抑えるために、つい腕を触ってしまったり、頭を掻いたりすることがあります。米国でスピーチの授業を受けると、先生はまず受講生をリラックスさせ、このような体の色々な部所を触ることをやめるように指導します。その他の例としては、会話に飽きた時、貧乏ゆすりをしたり、髪の毛を触ったりすることにより、平静を装うことがあります。

3　英語学習への応用—コミュニケーション能力を高めるために

　これまで見てきたように、身振り・手振り、顔の表情などの非言語メッセージは、人の気持ちを豊かに伝える有効な手段です。人は、他者のコミュニケーションを観察したり、学習を通じて、そのルールや解釈の仕方を経験的に習得していきます。しかし、国や文化が違えば、違った意味に取られることも多く、誤解や不満の原因になることもあります。そうならないためには、お互いが相手の文化に対する知識やコミュニケーション・スタイルに関する知識を持っていることが望ましいのですが、必ずしもそのような条件が整っているわけではありません。

　ここでは、日本人が、英米人とコミュニケーションをする際に、どうすれば不要な誤解を減らし、より効果的なコミュニケーションができるかについて考えていきます。最初に、非言語メッセージの文化特有性について見ていきます。次に、非言語メッセージの機能に着目し、その活用について学びます。最

後に、異文化間コミュニーションにおける心構えと実践について考えて行きます。

3.1　非言語メッセージの文化特性に気づく

　外国語でコミュニケーションをする際、無意識のうちに自分が生まれ育った文化の中で習得したものが出ることがあります。例えば、"No" という際、日本人は両腕を胸の前で交差させ、バツ印を作りますが、米国人には意味をなさず、奇妙なしぐさとして感じられます（東山＆フォード、2003）。英米人が否定を表す時は、頭を左右に振ることが一般的であり、これに加えて手のひらを相手に向けて左右に振ることがあります。

図5　両腕交差（×印）のジェスチャー

　また、日本人は確認や強調の意味で自分を指す時、自分の鼻を指しますが、英米人には、単に鼻を指しているか、あるいは鼻がかゆいのかと思われるだけです（東山＆フォード、2003）。英米人は、手のひらを胸に当てる、人差し指、親指、片手で胸を指します。

図6　鼻を指すしぐさ

　ジェスチャーは、時代、性別、世代等により、その意味が変化することがあります。そして、複数の意味があるものも多く、会話の文脈や、相手の表情や声の出し方などを参考に、その意味を解釈していかなければならない時があります。理解できない時は、相手に遠慮なくその意味を尋ねてみるとよいでしょう。

3.2　非言語メッセージの機能を有効に活用する
　コミュニケーションにおいて、言語メッセージと非言語メッセージはお互いに補い合い、1つのメッセージとして発信されます。言語との関係を改めて考えてみることにより、その有効性が理解できると思います。ここでは、会話における働きを3つ見ていくことにします。
　まず1つ目に、非言語メッセージは言語メッセージの代用や置き換えをすることができます。例えば、声が出せない、出してはいけない状況や、声が聞こえないようなうるさい場所、あるいは声を発してはいけない状況（野球のサインなど）において用いられます。また、英語でのコミュニケーションでは、自分が言いたいことを適切に表現する語彙が浮かばない時、自

第8章　異文化間コミュニケーションにおける非言語メッセージの重要性　139

分の知っている単語と、ジェスチャーや顔の表情で表現することがあります。例えば、英語圏で擦り傷を負い、薬品店で絆創膏を買いたい時、"adhesive bandages"という表現を知らないとします。そのような時、店員に傷を見せ、何かを貼るしぐさをすることにより、購入できるかもしれません。

　2つ目に、非言語メッセージは、言語メッセージの意味を強化し、明確にすることができます。例えば、人に道を聞かれた時、私たちは目的地への方向を指で差しながら説明することにより、分かりやすく伝えることができます。また、演説などを聞いていると、話し手は、重要な点では声を大きくしたり、話すスピードを遅くすることにより、意味を強調することがあります。名スピーチと呼ばれるものは、非言語的な側面も優れており、言語表現のみならず、声の抑揚、視線の配り方、身振り手振りなども意識して学ぶとよいでしょう。

　顔の表情の感情表示に、文化普遍的なものがあることは前の章で学びましたが、顔の表情による感情の表出は、自分が言いたいことを補強してくれます。一般的に、日本人の多くは、顔の表情による表現力が、欧米人に比べて豊かではないと言われます。これは、感情表現において重要な役割を果たしている目元に注目すると理解できます。次のイラストをみて下さい。コーカソイド系の英米人と、モンゴロイドの日本人に多い顔の特徴を描いたものです。大きな特徴として、目と眉の間の幅が違うことに気づくでしょう。モンゴロイド系の方が、目と眉の間の幅が広く、肉厚で、目尻がやや上がっています（小林、2008）。この顔をもとに、怒りの表情を作成してみると、どちらが表現力豊かでしょうか。

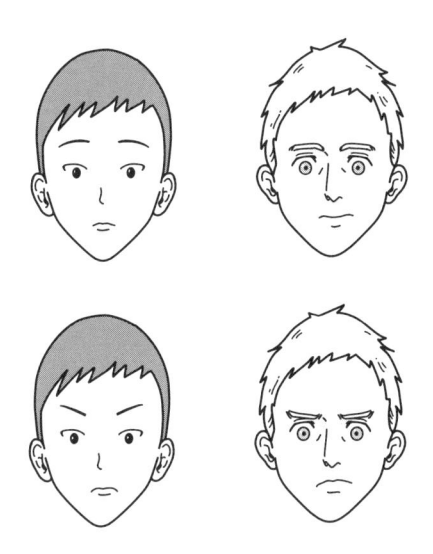

図7 モンゴロイドの日本人・コーカソイドの英米人の顔／それぞれの怒りの表情

　日本人は、率直な感情表現に否定的な傾向があり、察しの文化が発達していない欧米人の多くにとっては、相手が何を考えているか、不安になることがあります。Matsumoto, Kudoh, Scherer, & Wallbott（1988）が行った日米比較研究によると、アメリカ人の方が日本人よりも、感情をより長く、そして強く感じているとのことです。控え目であることや、謙遜をすることは、日本文化の美学と言えますが、異文化間コミュニケーションでは、察しを期待する前に、きちんと伝えることに重きを置く方が、誤解の原因を減らすことにつながります。

　3つ目に、非言語メッセージは、会話のペースや流れを調整することができます。これは前述の発話調整動作がその役割を果たします。話し手の話を、続けさせたり、繰り返させたり、

時にはやめさせることができます。例えば、相手に発言してもらいたい時は、視線を向けて訴えることができます。自分が会話を続けたい場合、相手と視線を合わせないようにしたり、間を取らなかったり、手や腕の動きをやめないといったことが考えられます。そして、自分が発言したい時は、身を乗り出して、相手に視線で訴えるなどします。

　あいづちの中でも、うなずきには注意が必要です。首を縦にふるうなずきの動作には、相手の意見に賛成や同意を示す"Yes"（肯定）の意味で用いられる場合と、相手の話を聞いており理解しているという意味で用いられる場合があります。日本人は後者の意味でうなずくことが習性となっている人が多く、日米間の会話では、アメリカ人は"Yes"の意味であると解釈してしまい、しばしば混乱や問題の原因となることがあります（東山・フォード、2003）。

　英米人と会話をしていると、日本人のようなうなずきをしないので、きちんと聞いてくれているのかどうか不安になることがありますが、相手の目をしっかりと見つめ、言葉であいづちを打ってきます。相手に同意する場合は、"Yeah"、"Uh-huh"、"Right"などを用います。会話に乗ってくると、"Really?"や"Are you serious?"などと言い、さらに相手に何かよいことがあった場合、"Cool!"、"Great!"、"Thank God!"などがあります。反対に悪いことが起こった場合には、"No way!"、"Oh no!"などと言います。よく耳にする"Oh, my God!"は、よい場合にも悪い場合にも使えます。このような反応の仕方は、ネイティブ・スピーカーとの会話の中で、話の内容や文脈を意識しながら、習得していくとよいでしょう。

3.3　異文化間コミュニケーションに必要不可欠な姿勢と態度

　非言語メッセージの様々な特徴を学び、コミュニケーションに対する見方が変わったでしょうか。私たちのコミュニケーションには、実に多種多様で豊かな伝達手段があることに気づいていただけたかと思います。最後に、学習者の皆さんが、言語と非言語メッセージをもとに異文化間コミュニケーションを営んで行く上で、必要不可欠な心構えと実践面について学んでいくことにします。

　最初に、姿勢の側面から考えてみます。異文化間コミュニケーションは、全ての文化に優劣はなく、平等であるという文化相対主義に基づき行われなければなりません。その際、自分の文化を基準として、他の文化に優劣をつけないことです。石井（2001）は、日本人の中に見られる、欧米文化を高く評価する一方、近隣アジアの発展途上国の文化を低く評価する態度の問題点を指摘しています。一方で、各文化に共通している価値基準もあり、文化の表面的な違いにとらわれない視点を養うことも重要です。自分の文化をきちんと理解し、相手の文化についても学ぶ姿勢がなければなりません。そして、お互いの違いを尊重しつつ、共通点を見出す努力も必要です。一方が安易に他方の真似をし、従属的に相手のスタイルに合わせることは、健全な関係であるとは言えず、根無し草の国際人であると言わざるを得ません。

　次に、実践面ですが、お互いが誤解をし、不快感を持たないよう、最善の方法を模索し、柔軟な姿勢でコミュニーションを取ることが重要です。お辞儀と握手の挨拶の場合も、当事者同士がいる現地のやり方に合わせてもよいし、どちらかのスタイ

ルに合わせてもよいのです。ただし、お互いの知識不足が、相手に不快感を与えてしまうこともあるので注意が必要です。例えば、アメリカ人は、椅子に腰掛けて会話をする際、足を投げ出しリラックスし、靴の裏を見せる座り方をします。これは相手にも気持ちを楽にしてもらい、話しやすい雰囲気に持っていくためです。しかし、このしぐさは、タイ、サウジアラビア、エジプト、シンガポールなどでは、相手を侮辱しているとみなされ、深刻な問題にまで発展することがあります（Morris, 1994）。もし誰かがこのようなしぐさを、節度ある礼儀を重んじる日本の文化圏で行った場合、相手に心理的負担を与えないよう気を配りながら、さりげなく教えてあげるとよいでしょう。できれば、その理由を、社会文化的な背景から説明するとさらによいと言えます。普段からそのための勉強もしておくことが重要です。

　最後に、異文化間コミュニケーションでは、お互いが理解しあえるよう、気持ちを込めた対話を重ねていく寛容さが必要です。その際、お互いの非言語メッセージの解釈を巡って、理解に時間がかかることがあるかもしれませんが、解釈を急がないことです。そのジェスチャーが何を意味するのか、相手に聞くのもよい学びとなるでしょう。その過程で、違いと共通点を学び合うのです。そして、コミュニケーションに行き詰まったら、非言語メッセージも含めて、様々な伝達手段があるということを心に留めておいて下さい。時に、試行錯誤に遭遇することもあろうかと思いますが、その中で自分自身の成長と変化を楽しみながら学んでいけたら素敵なことだと思います。本章を読んで下さった学習者の皆さんの、今後の英語学習のさらなる充実

とご多幸を祈念申し上げます："I'll keep my fingers crossed for you"［中指を人差し指に被せる動作で十字架の形を表しており、相手の幸運を祈るまじないです（東山・フォード、2003）］。

図8　指十字のジェスチャー

参考文献

Birdwhistell, R.（1955）Background to kinesics. *Etc: A Review of General Semantics, 13,* 10–18.

Burgoon, J. K., Buller, D. B., & Woodall, W. G.（1996）*Nonverbal communication: The unspoken dialogue.* New York, NY: McGraw-Hill.

Burgoon, J. K., Guerrero, L. K., & Floyd, K.（2010）*Nonverbal communication.* Boston, MA: Allyn & Bacon.

Ekman, P. & Friesen, W.（1969）The repertoire of nonverbal behavior: Categories, origins, usage and coding. *Semiotica, 1,* 49–98.

石井敏（2001）「文化に上下や優劣はない―文化相対論」古田暁・石井敏・岡部朗一・平井一弘・久米昭元『異文化コミュニケーションキーワード』（新版）（pp. 8-9). 有斐閣.

小林祐子（2008）『しぐさの英語表現辞典』（新装版）研究社.

工藤力（1999）『しぐさと表情の心理分析』福村出版.

東山安子（1993）「英語社会の非言語コミュニケーション」橋本満弘・石井敏編『英語コミュニケーションの理論と実際』（pp. 43–66）. 桐原書店.

東山安子・フォード, L.（2003）『日米ボディトーク』三省堂.

Knapp, M. L., & Hall, J. A. (2010) *Nonverbal communication in human interaction* (7th ed.). Boston, MA: Wadsworth.

Matsumoto, D., Kudoh, T., Scherer, K., & Wallbott, H. (1988) Antecedents of and reactions to emotions in the United States and Japan. *Journal of Cross-Cultural Psychology, 19,* 267–286.

Morris, D. (1977) *Manwatching: A field guide to human behavior.* New York, NY: Harry N. Abrams.

Morris, D. (1994) *Bodytalk: A world guide to gestures.* London, UK: Jonathan Cape.

Vargas, M. (1986) *Louder than words: An introduction to nonverbal communication.* Ames, IA: Iowa State University

Weiner, M., & Mehrabian, A. (1968) *Language within language: Immediacy, a channel in verbal communication.* New York, NY: Appleton-Century-Crofts.

特別寄稿

口腔から考える英語学習

安井利一

I　発音と歯・口腔(こうくう)

　私は、今、大学の学長をしておりますので大学教育に関する事項をもっぱらの仕事にしておりますが、元々の私の専門は健康科学（衛生学・公衆衛生学）です。なかでも口腔科学を通じて、食べる機能、話す機能、身体を動かす機能に着目して、国民の生活の質（Quality of Life）の向上を図り、健康長寿社会を目指すことにありました。特に、子どもたちの発育・発達には力を入れてきました。子どもたちの身体の発育と機能の発達には強い関係があります。例えば、「食べる機能」を考えてみても、授乳期から離乳期にかけて、ヒトは少しずつ「食べる機能」を学習していきます。最初は、もちろん噛むことはできません。舌でつぶしながら、次に歯茎でつぶしながら、そして歯で噛めるようになって、そこに舌の動きと飲み込むという動きが同調して「咀嚼(そしゃく)機能」が形成されていきます。「話す機能」

も同じような過程をたどって発達していきます。

　上手に発音するためには、①しっかりと聞くこと、②声帯の機能に問題がないこと、③話すという環境と欲求があることが大切であると言われています。したがって、乳児の時から子どもに話しかけてあげること、繰り返してきれいな発音を聞かせてあげること、目を見て優しく話しかけてあげることなど、いわゆる「ことば環境」をよくしてあげることが大切でしょう。乳児期から喃語（なんご）（「うぐうぐ」、「ばぶばぶ」）に始まり、幼児期になると「わんわん」、「ぶーぶー」のような擬声語ができるようになって、2歳から以降は言葉が適切に使えるようになってきます。

　特に発音に歯や口の形が影響していることはよく知られています。子どもでは、構音機能の習得は耳から聞こえてくる発音を真似するところから始まります。したがって、きれいな音、きれいな発音を聞くことが大切です。さらに、耳から入ってきた音を、そのまま真似をしようとしても、例えば前歯がないような時期、すなわち乳歯から永久歯へ生えかわる5歳から7歳くらいではサ行やタ行などが上手に発音できないことがあります。米国においては、スポーツ競技において歯や口腔の外傷予防に用いるマウスガード（ボクシングではマウスピースと呼びます）を装着する際に数字の36すなわち「thirty six」と言わせて正しく聞こえるかどうかを確認すると言われています。口の中の状態が発音に影響するということがわかります。日本語も同様ですが、「桜が咲いた（サクラガサイタ）」が「シャクラガシャイタ」と聞こえたり、「ミシシッピー」が「ミヒヒッピー」と聞こえたりすることは教科書的にも例示されているこ

とです。さらに、英語では、唇・歯音といわれる、fやvのきれいな発音は上の前歯がなければできないことですし、thの音とsの音も前歯がなければ区別することができません。thinkとsinkではまったく意味が違ってしまいます。thの音もthat、this、theのように息とともに音を出す場合と、think、theaterのようにサイレントな場合と微妙な違いが生じてきます。米国では歯列矯正（歯並びを治す治療）が少なくとも日本よりは当たり前に行われているようですが、英語の発音を考えてみると理解できるのではないでしょうか。また、洋の東西を問わず、声楽家では前歯の歯列矯正をする方もおられるように、正しくきれいな発音を届けるには息の通り道に障害物がないようにしたいものです。不正咬合（上下の歯のかみ合わせがうまくいかなかったり、歯並びが極端に不揃いのような状態）のある人の80％に発音の乱れがあると言われており、残りの20％の人は不正咬合があっても無意識あるいは意識的に唇や舌の動かし方を上手に調整していると考えられています。

2　発音を障害する歯・口腔の問題

　ことばには母音と子音があります。母音が持続的で周期的な振動であるのに対して、子音は口腔や口唇で通路をふさいだ空気が飛び出すときに発する継続時間の短い音になります。したがって、息の通り道がふさがれる場所によって分類されていることが多いのです。代表的なことばの発音と唇、舌そして歯との関係をみてみましょう。

○両唇音（上と下の唇で通路がふさがれた後に発する音）
　パ行　バ行　マ行　など
○唇・歯音（唇を上の前歯で噛んで通路がふさがれた後に発する音）
　fやvの発音
○舌・歯音（舌によって上の歯の裏側がふさがれた後に発する音）
　タ行　ダ行　サ行　ザ行　など
○舌・口蓋音（舌が上顎をふさがれた後に発する音）
　カ行　ガ行　ジャ行　など

これでお分かりのように、きれいな発音には歯と口腔の微妙な関係があるのです。

3　発音と障害

3.1　両唇音の障害

　上下の唇がしっかりと閉じていることが大切です。上下の唇が合わない理由には幾つかありますが、何となく開いている場合も多いので、気づいたときに「口はしっかり閉じていなさい」と注意を喚起するだけで治る子供たちも多数います。一方、指しゃぶりを長期にわたってしている子どもでは奥歯は当たっているのに前歯が開いているというような状態になることがあります。幼児での指しゃぶりは悪いことではありませんが、小学校になって前歯の永久歯が生えてくる頃までには止められるようにしたいものです。このような状態を開咬と言うのですが、

予防が大切です。次に、アデノイド（咽頭扁桃）の腫れです。アデノイドは鼻とのどの間にあるリンパ組織です。誰にでもあるものですが、幼児期に生理的に大きくなります。ピークは5歳頃で、その年齢を過ぎると大抵の場合は萎縮して、大人ではほとんど表面から見ても分からないぐらいになります。このアデノイドが極端に腫れていると、鼻からの呼吸ができなくなるために口で息をするようになり、結果的に口が開いた状態が癖になるということです。

3.2　唇・歯音の障害

　英語のfやvの発音は日本語にはない発音ですが、今のグローバル社会では大切です。特に上の前歯を失うと大きな影響がでます。また、極端な上顎前突（上顎が前に突出している状態）や下顎前突（下顎が前に突出している状態）では、上手に上の前歯で舌の唇を捉えることができないためにきれいな発音ができないことも考えられます。

参考 歯並びと不正咬合

（文部科学省「生きる力をはぐくむ学校での歯・口の健康づくり」を一部改変）

1) 叢生（そうせい、乱ぐい歯）

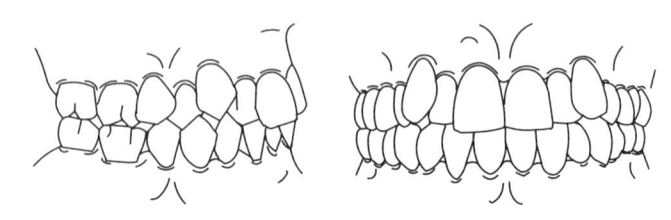

顎の大きさと歯の幅とのバランスがとれていない状態です。息の流れが乱れる可能性があります。

2) 開咬（かいこう）

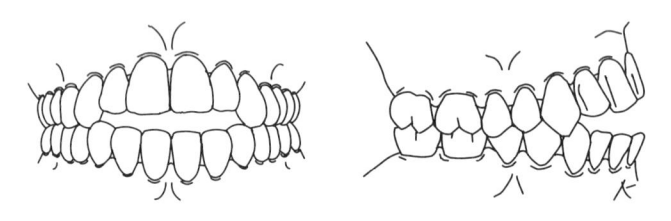

奥歯はしっかり噛んでいる時に、前歯の上下に隙間が空いている状態です。息が漏れたり、唇がうまく閉じられなかったり、上の前歯で下唇を上手に噛むことが出来なかったりします。

安井利一

3）反対咬合（はんたいこうごう、受け口）

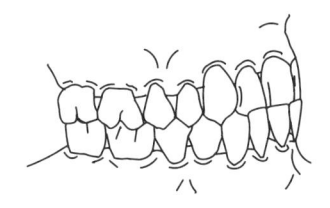

下の前歯が上の前歯より前に出ている状態です。極端な場合には、息が抜けるような発音になったり、上の前歯で下唇を上手に嚙むことが出来なかったりします。

4）上顎前突（じょうがくぜんとつ）

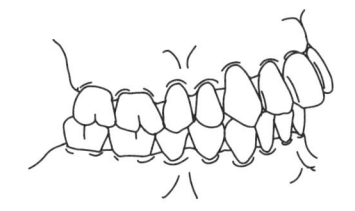

上の前歯が下の前歯よりも大きく突出している状態です。唇が閉じにくかったり、上の前歯で下唇を上手に嚙むことが出来なかったりします。

3.3　舌にかかわる音の障害

　もっとも多いのは舌小帯短縮症（舌小帯強直症）と言われる状態です。舌小帯は舌を上にあげてみると、舌の裏に付着しているヨットの帆のようなヒダのような組織を言います。

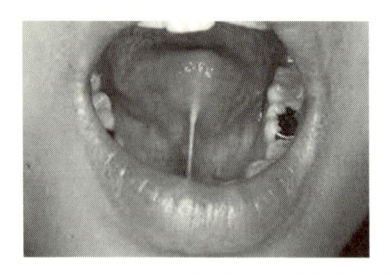

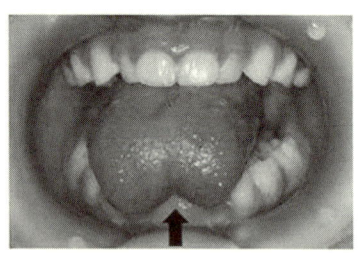

左：http://tennoshika.blog17.fc2.com より引用
右：国立病院機構岡山医療センター（http://www2.plala.or.jp/shounigeka/）より引用

　このヒダのような組織は赤ちゃんでは短くなっているのが普通で心配いりません。年齢が上がってくるにつれて後ろに下がってきますので、幼稚園年長組や小学校入学頃まではほとんど気にする必要はないわけです。一方、小学生以上になって、「滑舌がわるい」「ラ行が聞き取りにくい」などの症状がある場合には一度、口の中を見てあげてほしいと思います。構音障害は、カ行がタ行に聞こえる「おかあさん→おたあたん」、サがシャに聞こえる、ラがダに聞こえるようなことが多いと紹介されています。この短縮の状態の見分け方は簡単で、「思いっきり舌を前に出してみて」あるいは「鼻のてっぺんをなめてみて」と指示を出します。その時に、舌の先端がひきつれてハート形にくびれてしまうようですと舌小帯の問題があるかどうかを知ることが出来ます。通常の生活に困ることはないのですが、発音には影響があります。心配なときには歯科医院でみてもらうとよいでしょう。短縮が著しい時には、切開して伸展させる小手術を行うこともあります。

3　最後に

　これまで見てきたことからも、発音と歯・口腔の間に深い関係があることがおわかりいただけたのではないでしょうか。歯や口の健康は母語の発音にとって重要であることは言うまでもありませんが、外国語の発音を身につけるときにも大きな意味を持っています。歯や口の健康に気を配ることと英語学習との間に重要なつながりがあることを理解してもらえたら幸いです。

【編者注】音声学では「口腔」を「こうこう」と読むことがありますが、医学では慣用的に「こうくう」と読みます。

あとがき

　この本を書くきっかけになったワークショップがあります。2015年7月25日に明海大学浦安キャンパスで開かれた「ひらめき☆ときめきサイエンス　ようこそ大学の研究室へ　英語の効果的学習法」です。「ひらめき☆ときめき」は、文部科学省・日本学術振興会が大学などの研究者のために配分している科学研究費と呼ばれる研究助成金による研究の成果を広く社会に還元するためのもので、小学生から高校生までを対象にしたものです。わたくしたちのワークショップもその1つで、中学生を主たる対象に企画しました。中学生18名と小学生1名が参加し、熱心に先生がたの話を聴き、それをもとに議論しました。

　今回の企画を採択し、さまざまな支援をしてくださった日本学術振興会（安西祐一郎会長）、明海大学の担当窓口として、充実したワークショップとなるよう協力を惜しまなかった庶務課の竹部正樹課長（事務部長）、池田朋子主任、そして、古市結さんに心からお礼を申し上げます。

　ワークショップにご参加くださり、英語学習に関して貴重な助言をくださった安井利一学長、遊佐昇外国語学部長（その内容は本書にも収められています）にも感謝いたします。

このワークショップの記録を本の出版という形で残し、より多くの人たちの目に触れるようにしたいという編者の意向をご理解くださり、書籍化にあたり、有益な助言をくださった、ひつじ書房の松本功社長と担当編集者の海老澤絵莉さん、ありがとうございます。

　最後に、このワークショップに参加してくれた小学生、中学生のみなさん、ありがとう。みなさんからの質問や意見で、わたしたちの考えが深まった部分も少なくありません。

　この本がみなさんの英語学習の一助になれば、編者として、これ以上の幸せはありません。

大津由紀雄・嶋田珠巳
2016 年早春

執筆者紹介（＊は編者）

大津由紀雄（おおつ　ゆきお）＊
明海大学副学長・外国語学部英米語学科教授、慶應義塾大学名誉教授
〈専門分野〉言語の認知科学
〈主著〉『英文法の疑問─恥ずかしくてずっと聞けなかったこと』（日本放送出版協会、2004 年）

瀧田健介（たきた　けんすけ）
明海大学外国語学部英米語学科准教授
〈専門分野〉理論言語学、比較統語論
〈主論文〉Pseudo-right dislocation, the bare-topic construction, and hanging topic constructions（*Lingua 140*, 2014 年）

高田智子（たかだ　ともこ）
明海大学外国語学部英米語学科教授
〈専門分野〉英語教育学
〈主論文〉The possibility of the implementation of the action-oriented approach to Japanese junior high schools through the use of the CEFR-J.（*Annual Review of English Language Education in Japan 23*, 2012 年）

嶋田珠巳（しまだ　たまみ）＊
明海大学外国語学部英米語学科准教授
〈専門分野〉接触言語学、社会言語学
〈主著〉*English in Ireland: Beyond Similarities*（溪水社、2010 年）

津留﨑毅（つるさき　たけし）
明海大学外国語学部英米語学科教授
〈専門分野〉統語論、語用論
〈主著〉『レキシコン　ア‐ラ‐カルト』（編、開拓社、2009 年）

小林裕子（こばやし　やすこ）
明海大学外国語学部英米語学科教授
〈専門分野〉司法通訳研究
〈主著〉『新 TOEIC テストボキャブラリー攻略』（共著、三修社、2008 年）

遊佐昇（ゆさ　のぼる）
明海大学外国語学部学部長、同中国語学科教授
〈専門分野〉中国文化、文献研究
〈主著〉『唐代社会と道教』（東方書店、2015 年）

原和也（はら　かずや）
明海大学外国語学部英米語学科准教授
〈専門分野〉コミュニケーション学（異文化間及び対人）
〈主著〉「第 9 章　共分散構造分析」「第 12 章　多母集団を対象にした因子構造分析」(『コミュニケーション研究のデータ解析』、ナカニシヤ出版、2015 年)

安井利一（やすい　としかず）
明海大学学長
〈専門分野〉衛生・公衆衛生学
〈主著〉『スタンダード衛生・公衆衛生学　第 14 版』（学建書院、2015 年）

英語の学び方
Effective and Efficient Ways for Learning English
Edited by OTSU Yukio and SHIMADA Tamami

発行	2016 年 3 月 29 日　初版 1 刷
	2018 年 4 月 16 日　　　2 刷
定価	1500 円＋税
編者	ⓒ 大津由紀雄・嶋田珠巳
発行者	松本功
装丁者	渡部文
本文イラスト	萱島雄太
印刷・製本所	株式会社 ディグ
発行所	株式会社 ひつじ書房
	〒 112-0011 東京都文京区千石 2-1-2　大和ビル 2 階
	Tel.03-5319-4916　Fax.03-5319-4917
	郵便振替 00120-8-142852
	toiawase@hituzi.co.jp　http://www.hituzi.co.jp/

ISBN978-4-89476-779-9

造本には充分注意しておりますが、落丁・乱丁などがございましたら、小社かお買上げ書店にておとりかえいたします。ご意見、ご感想など、小社までお寄せ下されば幸いです。

ことばの宇宙への旅立ち　シリーズ全3巻
大津由紀雄 編

◆思春期の若者から社会人まで、幅広い層に向けた言語学の入門書！

ことばの宇宙への旅立ち　　定価 1,500 円 + 税
大津由紀雄　ことばの宇宙への誘い／**上野善道**　母は昔はパパだった、の言語学／**窪薗晴夫**　神様の手帳をのぞく／**今西典子**　古語の文法とニュートン・リングの先に開けた言語研究の世界／**西村義樹**　文法と意味の接点を求めて／**今井邦彦**　人は、ことばをどう理解するのか

ことばの宇宙への旅立ち 2　　定価 1,300 円 + 税
大津由紀雄　ことばに魅せられて／**酒井邦嘉**　脳に描く言葉の地図／**日比谷潤子**　書を捨てて町に出る言語学／**池上嘉彦**　ことば・この不思議なもの

ことばの宇宙への旅立ち 3　　定価 1,600 円 + 税
今井むつみ　どうして子どもはことばの意味を学習できるのか／**長嶋善郎**　「後ろ姿」は日本語的なことば／**野矢茂樹**　ことばと哲学／**滝浦真人**　夫婦ゲンカの敬語と上手な友だちの作り方、の言語学／**岡ノ谷一夫**　動物の鳴き声と言語の起源／**尾上圭介**　「文法」て"芸"ですか